叙舊

叙旧文丛

壽香社

中国最后的传统才女群

卢和 著

海峡出版发行集团 THE STRAITS PUBLISHING & DISTRIBUTING GROUP | 福建教育出版社

图书在版编目（CIP）数据

寿香社：中国最后的传统才女群/卢和著. —福州：福建教育出版社，2024.9
（叙旧文丛）
ISBN 978-7-5334-9735-4

Ⅰ.①寿… Ⅱ.①卢… Ⅲ.①女性—列传—福州—近代 Ⅳ.①K828.5

中国国家版本馆 CIP 数据核字（2023）第 156384 号

责任编辑：郭　佳
美术编辑：季凯闻

叙旧文丛
Shouxiangshe：Zhongguo Zuihou de Chuantong Cainuqun
寿香社：中国最后的传统才女群
卢和　著

出版发行	福建教育出版社 （福州市梦山路 27 号　邮编：350025　网址：www.fep.com.cn 编辑部电话：0591-83781433 发行部电话：0591-83721876　87115073　010-62024258）
出 版 人	江金辉
印　　刷	福州德安彩色印刷有限公司 （福州市金山工业区浦上标准厂房 B 区 42 栋）
开　　本	890 毫米×1240 毫米　1/32
印　　张	6.875
字　　数	131 千字
插　　页	2
版　　次	2024 年 9 月第 1 版　2024 年 9 月第 1 次印刷
书　　号	ISBN 978-7-5334-9735-4
定　　价	58.00 元

“叙旧文丛”出版弁言

叙，讲述，盼侧耳倾听；旧，过去，期一日相逢；叙旧，网罗旧闻，纪言叙之，以温故，以溯往，以述怀，以知新。

搜寻、稽索、钩沉、抉隐，一句话，一件事，一本书，一个人，那满满的闪着光芒的过去，在琐细字间，鲜活，绽放。

走进旧时光，来一场返程之旅，为那心中永不褪色的旧日情怀。我们相信，叙旧的过程，是唤醒记忆，省思历史，亦是安顿今者，启示未来。

目　录

引　言

本书记述的是 20 世纪福州寿香社的十位才女，在老师何振岱的指导下，历经三十余年读书、问业、习作的书斋生涯，以及寿香社长达半个多世纪社集的种种趣事。之所以称这十位才女为传统才女，是因为她们毕生从事传统诗词写作，且工书擅画能琴，以旧时文人之诗书画三绝为终生追求目标，自有别于同时期从事新文学创作的女性，如同乡的冰心、庐隐、林徽因等新派才女。之所以在传统才女之前又冠以“最后”一词，是因为在她们之后再也找不到这样的才女群了，虽然传统才女还有，但都是零散而不成群的。十才女是与我们相去最近的传统文人，这些发生在她们身上的故事，距离今天时间跨度最小，存世的遗墨遗物也最多，因此，其人其事无疑是我们了解研究旧时中国文人的书斋生涯与诗社雅集极为珍贵的个案。

历史进入 20 世纪，中国社会变革的浪潮此伏彼起，一浪高过一浪。先是延续了一千多年的科举制度的废除，继而西式学堂和西式教育取代传统书院、私塾和传统教育，这些变革无不猛烈冲击传统旧文化。到了新文化运动掀起之后，《新青年》杂志复以提倡白话文、打倒文言文，提倡新文学、打倒旧文学为号召，更是给传统文化以致命一击，从此愈发式微。

就在这举世竞新机、几人钻故纸的年头，远在中国东南隅的小城市福州，却有十位颇有才华的年轻女性，她们“不将萧瑟看枯荷”（何振岱《答无辨秋池之约》），陆续负笈传统诗人何振岱的门下，矢志以诗书画琴为终生之学业。这十位女性分别是（以生年先后为序）：王德愔、刘蘅、何曦、薛念娟、张苏铮、施秉庄、叶可羲、王真、洪璞、王闲。面对这一个个“不是花时肯独来”（苏轼《冬至日独游吉祥寺》）的年轻人，何振岱满心欢喜，在他眼里，这些年轻人无疑都是贤者。为什么这样说呢？因为早在1908年，陈衍就曾感慨道，废除科举后的诗坛已然是“羌无利禄荒寒路，肯与周旋定是贤”（陈衍《赠仁先》）。于是何振岱将她们一一收了下来。

何振岱远在黄山的诗友许承尧投来羡慕的眼光，说是“昆山片玉已难得，况乃群彦相追随”（许承尧《书王道真叶竹韵铭研小词后并寄梅叟》），这样的学生如今是一个也难找，老朋友你却一人收罗了十个，这不是天赐晚福给你又是什么，从今以后“支颐顾此亦足乐，安用戚戚穷年为”（同前）。何振岱收下这些女弟子后，就开始有计划地精心栽培，直到老年也不曾稍

1948年众才女相聚于淇园，一个个“神情散朗，故有林下风气”。左起：张苏铮、叶可羲、友人陈人哲、刘蘅、王真、王德愔，坐于石阶者薛念娟、王闲。

懈。“愿松成盖笋成林，老去难消是此心”（何振岱《花朝视诸生》），可知他为此操碎了心。于是便有了师生之间绵延三十余年的诗书画琴的传承，以及持续了半个世纪的寿香社雅集。

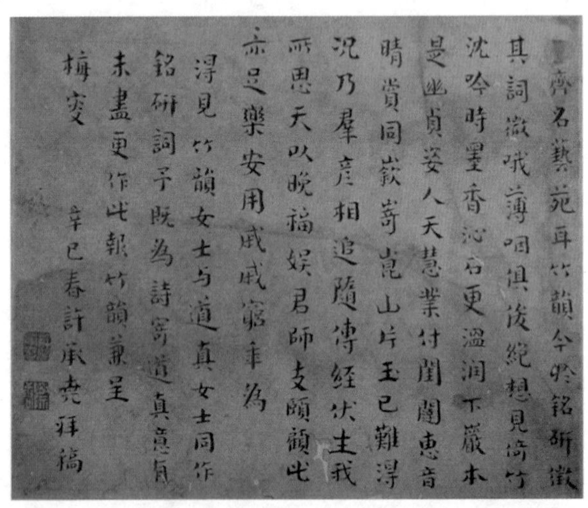

齊名藝苑再竹韻今於銘研徵
其詞徵哦薄咽俱後紀想見倚竹
沈吟時墨香沁石更溫潤下巖本
是幽貞姿人天慧業付閨閣惠音
晴賞同欽嵜崑山片玉已難得
況乃羣彥相追隨傳經伏生我
所思天以晚福娛君師友頤頷比
亦足樂安用戚戚窮年為
得見竹韻女士与道真女士同作
銘研詞予既為詩寄道真意有
未盡更作此報竹韻兼呈
梅叟
辛巳春許承堯拜稿

1941 年许承尧赠诗叶可羲（竹韵），诗中提及刘蘅（惠音）、何曦（晴赏）、王真（道真）。

笔者是才女叶可羲的晚辈亲戚，受其熏陶，少年时代便接触到传统文化，随后迷上了诗书画。又凭借这层亲戚关系，熟悉了十才女中的八位才女（张苏铮、施秉庄彼时不在福州除外），同她们都有过交往，并且经常参加到她们的雅集中来，陪侍服劳。在这长达二三十年的交往活动中，不但眼有所见，耳有所闻，而且还收集到一些珍贵的材料。现在，笔者将这些所见所闻所收，再加上所思，一一写下来，于是有了这本小书，希望它出版问世之后能为读者所喜欢。

第一章　寿香社与十才女

寿香社与十才女为时人和今人所知悉，主要是因为有一部《寿香社词抄》存世。该书于 20 世纪 40 年代初出版后，曾一度引起很好的反响。此后沉寂了三四十年，直到 20 世纪晚期，国内一些民国词的研究者和福州地区的地方文史研究者，始将关注的目光投给寿香社，投给十才女，并陆续发表了一些文章。这些文章既肯定了《寿香社词抄》入选作品的艺

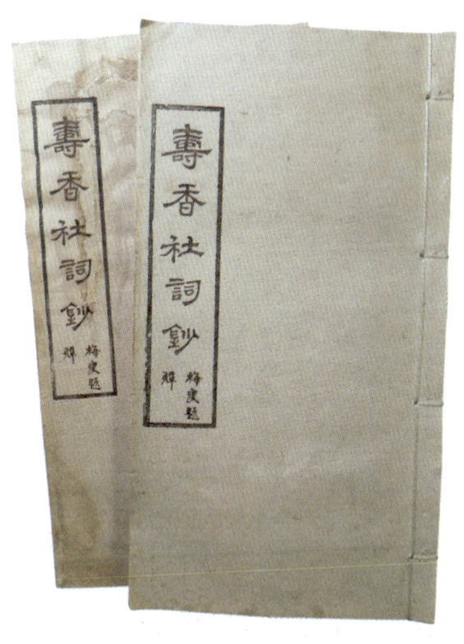

《寿香社词抄》

术价值，也对作者的生平做了钩沉拾坠的工作，对读者颇有裨益。其中徐燕婷的文章《民国女性词文化生态中的“传统范式”及其新变》及文后的注释信息量较大，值得一读［徐文载《福建论坛》（人文社会科学版）2016 年第 3 期］。但这些文章的作者，其目光多局限于《寿香社词抄》一书，未能全面收集、研究寿香社才女们的其他作品，如诗文书画，以致留下不少遗憾。譬如在谈及寿香社的由来及社名的含义时，均因疏于考证而得出与事实有较大出入的结论。为此，笔者觉得有必要及早予以澄清纠正。好在才女们和她们的老师何振岱都有一些与此有关的文字材料留存下来，笔者正是凭借这些留存下来的材料，再结合个人早年的亲耳所闻，通过一番考证来逐一还原其真相。

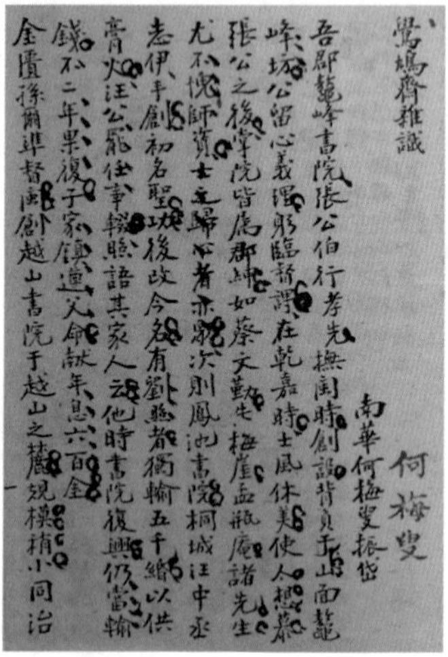
鷽鳩齋雜識
何梅叟
南華何梅叟振岱

《鸴鸠斋杂识》

据何振岱笔记《鸴鸠斋杂识》（未刊）中的一篇文章记载，早在清光绪十三年，即公元 1887 年（农历丁亥年），福州就有了一个由四位年轻学子组结的诗社寿香社，社员为龚葆銮、郑容、陈紫澜、何振岱，成立该社的起因是每年重阳节合祀陶渊明。现摘录该文于下（该文无标题，为叙述方便，笔者结合其内容暂拟标题为《祀陶集序》）：

予曩者尝与龚九鹤、郑无辨、陈荃庵结祀陶社。每年菊花开时，必洁室荐馨。既立为仪约，复序其意旨，旧稿犹存，不忍抛弃，存之以纪旧游、永旧欢，是所志也。

寿香社者，同人祀陶所由名也。始丁亥，至今凡九年。为会者六，其人则四。岁序如流，重阳复届，社中人谋修前约，使予序之。

时维商飙拂宇，燕鸿代飞。霜气弥于丛皋，云阴亘于古阁。万根靡节，索居孰与永趣；一花自馨，秋士与焉托命。爰集朋侪，与谋社事。言治静室，乌石双峰。上祀前贤，义熙一老。夫人无孤心，不足与之体素；士惟高韵，乃可使之乐闲。公眷眷旧主，蜚遁自芳。以羲皇上人视浇世，心则孤矣；以箕颍高风望同爱，韵又高矣。诗则周情孔思，本源出乎鲁论；人则淡薄宁静，风流比乎隆中。弃官归隐，浮烟视名；赋诗抒怀，停云望友。采菊忽通乎道妙，剪桑有慨乎高原。然而志偭易水，节通展禽；介无伤和，忧不妨乐。诚百代高隐之师，而吾侪处时之轨也。兹者位公遗像，并陈大集。式瞻威仪，凝思丰采。盎花表馨，斗酒荐诚。肸蠁可通，庶几来享。虽下士寡学，敢云尚友？而闻风兴起，庶几无尤。惟我同人，夙约既申，为欢斯永。鸡鸣之谊，在风雨而不谈；鸟声之求，隔云山而无替。

谨序。

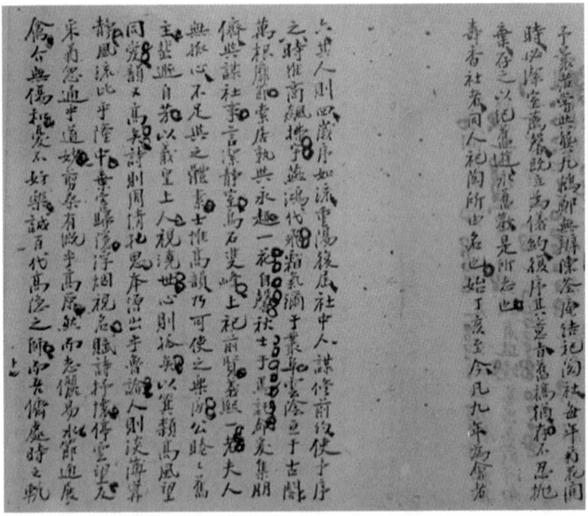

《祀陶集序》

至于所结之社为何取名寿香社，序文不曾言及。

何振岱作于1942年的《秋晚初得菊数十株喜作》四首七言绝句之第三首写道："一瓶一砚一提壶，社事销沉旧酒徒。花底荡襟风郁郁，笛边忆梦月癯癯。"此诗追忆当年结社祀陶之乐，意犹未尽，又加注于后："六十年前与九鹤、荃庵诸君结菊社祀陶，是日列几分座，各供瓶花壶酒，各赋诗记之。"从注文可知寿香社也叫菊社，为此"寿香"二字应与菊有关。

据《神农本草经》载，甘菊花"久服利血气，轻身，耐老，延年"。曹丕《与钟繇九日送菊书》写道："芳菊含乾坤之纯和，体芬芳之淑气。故屈平悲冉冉之将老，思餐秋菊之落英。辅体延年，莫斯之贵。"陶渊明《九日闲居》诗云："酒能祛百虑，菊为制颓龄。”因为辅体延年的功能，于是菊便有了“寿客”的美称。宋人“张敏叔以十二花为十二客，各诗一章。牡丹赏客，梅清客，菊寿客，瑞香佳客，丁香素客，兰花幽客，莲花静（一作净）客，荼蘼雅客，桂花仙客，蔷薇野客，茉莉远客，芍药近客”（见明人都卬《三余赘笔》）。此四处文字可证寿为菊之功效。

至于香，则是菊的本性，以上曹丕文中即已写到，此外古人诗词中亦多有提及，如陶渊明《和郭主簿二首》“芳菊开林耀，青松冠岩列”，李清照《醉花阴》“东篱把酒黄昏后，有暗香盈袖”，郑思肖《寒菊》“宁可枝头抱香死，何曾吹落北风中”，等等。

综合以上考证，再结合《祀陶集序》中的文字，可知“寿香”二字字面之义是黄花长葆其芳香之本性而不变，其字外之义则是士人要像陶渊明那样长守高风亮节而不移。

寿香社自结社祀陶伊始，延续了十一年。1898 年农历三月，龚九鹤病逝，其余三人从此不再有重阳日祀陶之举，怕的是睹物思人，欢处都悲，寿香社遂散。

三十余年后，何振岱的几位女弟子几经周折，重结寿香社以祀陶渊明。此事的经过大致是这样的：先是刘蘅入何门后，从老师何振岱的口中得悉当年老师与其他三位前辈重阳节结社祀陶的故事，顿生重新结社之意。1931 年农历八月，刘蘅从北平回到福州，很快就联系上当时在福州的何门女弟子王德愔、叶可羲、王真，向她们表达了重结寿香社祀陶的想法，立马得到她们三位的响应。当年九月，四人聚集在刘蘅的淇园，合祀陶渊明，并合作了《祀陶图》。何振岱《祀陶图题跋》对此事有记载：

予年弱冠时，与龚九鹤、郑无辩诸君诵陶诗而慕其为人，每岁秋花盛开，陈陶公像，荐以菊酒，而拜献如礼。至九鹤既逝，此会遂散。其后三十余年，里中诸生王德愔、刘蕙愔等复有祀陶之举。是岁辛酉九月，诸子集于藤山蕙愔园中，各写树石楼阁成图。周丈雨愈以善画名，为润色大半。属予记之，因书大略如此。

（转引自王真《道真室集·道真室随笔》）

由于当时何振岱尚在北平，结社之事暂时搁置。

1932 年农历八月初八，北客近十年的何振岱回到福州。同年农历十月初九展重阳那天，还是在淇园，在老师何振岱的主持下，几位才女合祀陶渊明并重结寿香社。叶可羲《祀陶小集》一诗记下了当时的情形：

雁讯过重阳，秋光犹皎洁。菊影满疏篱，霜风刚十月。山居无俗情，结社承前哲。樽酒约同侪，瓣香向靖节。六经循鲁道，千载功犹烈。每披《饮酒》诗，使我中情热。玉炉袅轻烟，神灵思仿佛。胜游有微尚，雅咏得清悦。

（叶可羲《竹韵轩集》）

诗中“结社”即重结寿香社，“承前哲”之“前哲”，即指何、龚、郑、陈四位前辈。

不过这重结的寿香社随后并未举办过太多的活动，因为老师兼诗社主持人何振岱心系北居的子女，又在筹划再次北上之事，并于1933年农历十一月去了北平。因为重结寿香社而成为社友的几位何氏女弟子，在老师离开福州后仍然保持着密切的联系，并时不时地社集小聚。于是吸引了亲属朋友中同有此好的老人和年轻人，也加入寿香社的活动中来，年轻人如王德愔的侄儿、时为福建协和大学学生的王劭，王劭的同学郭毓麟等。他们每月一集，所写多咏物之七言绝句诗，大家玩得倒也挺开心，只是没有什么建树可言。直到1936年农历十月何振岱回到福州之后，寿香社才开始了由老师何氏主持、几位女弟子参与的有目标、有计划的一系列活动。在这期间，由于《寿香社词抄》的问世，寿香社遂在当地产生了较大的影响。

关于寿香社成员人数，有八才女与十才女二说。八才女之说，是因为1942年刻印《寿香社词抄》一书，收了八位才女的作品。该书问世之后，社会上便流传有八才女的说法。当时王闲因客居北平，洪璞因刚入社不久，所以二人都没有加入此事中来。而十才女之说，则缘于寿香社并没有因为《寿香社词抄》的出版就此终止了其活动，在寿香社的中后期活动中，洪璞、王闲二人都是稳定的成员，所以十才女之说也是成立的。至于社会上还曾流传的十姐妹一说，说她们十人结为异姓姐妹，那无疑是将她们庸俗化了。倘若说她们十人情同姐妹，则是事实。

以下笔者根据个人收集的材料，以十才女负笈何门之时间先后为序，对她们逐一作简要的介绍。何曦为何振岱之女，其受教于何振岱自然在众人之前，故先及之。

何曦（1898—1980），字敦良，一字健怡，福州人，祖籍福清。何曦是何振岱、郑岚屏夫妇唯一的女儿，上有一个兄长，下有四个弟弟，一家八人，俱能诗能书能画，可谓一门风雅。虽说何家家境清贫，但自幼“多饮笔墨香，唯薰诗书气”（何曦《丙子腊月父亲大人七十双庆献诗》），何曦颇以出身于这样的家庭而自负。后嫁夫姚勘（其生平可参考何振岱《榕南梦影录》），育有一子四女。民国时期何曦曾执教于福州文山女子中学。1956 年受聘为福建省文史研究馆撰稿员，后转为馆员。所居曰晴赏楼，撰有《晴赏楼诗词》《晴赏楼日记稿》。

青年何曦

中年何曦

王德愔（1894—1978），字珊芷，福州人。其父王允晳乃光绪十一年（1885年）举人，官至婺源知县。王允晳工诗词，在清末民初的诗坛词坛都颇有影响，为此王德愔可谓家学渊源深厚。嫁夫福州名医方声沛，育有六个子女。王德愔因为父亲与何振岱是诗友，何振岱的妻子郑岚屏又是她的表姐这双重关系，所以大约在1910年前后就得以拜何振岱为师。王德愔在她的《月华清·赠健怡表甥女》词中写道："忆我从师问字，阅卅载如今，乐瞻巾履。"该词收入《寿香社词抄》，可知是1942年之前所作，上推三十年，则其"从师问字"约在1910年前后。王德愔是众才女（除何曦外）中第一位负笈何门的弟子。所居曰琴寄室，撰有《琴寄室诗词》。

中年王德愔

老年王德愔

王真、王闲姐妹是继王德愔之后拜师何振岱的。二人之父王寿昌，福州人。早年留学法兰西，精通法文，学识淹博，1895年与林纾合译《巴黎茶花女遗事》，名动一时，著有《晓斋遗稿》。二人之弟王铁崖是知名的国际法学家、北京大学教授。

少年王真（左二）、王闲（左一）与母亲

王真（1904—1971），字道之，号耐轩（王真性急躁，其父为之取号耐轩，欲其遇事能忍耐）。终身未嫁。1928年毕业于北京培华女子中学。毕业后即回榕，嗣后任职于福建省财政厅。民国及新中国时期执教于福州多所中学。所居曰道真室，撰有《道真室集》。

老年王真（左二）、王闲（左一）

王闲（1906—1999），字翼之，号坚庐（王闲性柔弱，其父为之取号坚庐，欲其遇事能坚毅）。1928年毕业于北京培华女子中学。嫁夫何振岱次子何知平，育有一子四女。1982年受聘为福建省文史馆馆员。所居曰味闲楼，撰有《味闲楼诗词》。

王真、王闲幼年从郑容学诗，周愈学画，约于1917年前后拜师何振岱。据叶可羲《何梅叟先生传》：“王君寿昌主福建省交涉公署，亦聘先生为第一科科长，公余多课其子女读书。”王寿昌1912年至1921年任福建省交涉司司长，则王真、王闲二人拜师何振岱当在这一时期。又王闲作于1981年五月的《哭健怡》一诗中有“自惭六十余年友”之句，据此推算，可知约在1917年前后。王真1928年回榕后又入陈衍门下为弟子。

叶可羲（1902—1985），字超农（伏羲居神农之前，“超农”二字来源于此），福州人。终身未嫁。其父叶大俊，乃辛亥革命时清朝海军中首举义旗的策电舰管带。叶可羲早年毕业于福建省立女子师范学校，1926年毕业于北京国立艺术专门学校。民国时期执教于厦门、福州多所中学。1983年受聘为福建省文史馆馆员。1925年秋，叶可羲由表兄杨天健出面，通过杨的少年

青年叶可羲（中）

老年叶可羲

同学、何振岱长子何敦畴的引荐，在北京拜何振岱为师。叶可羲《敦畴大兄六十双寿序言》对此有所记载。所居曰竹韵轩，撰有《竹韵轩集》。

刘蘅（1895—1998），字修明，也作秀明，福州人，祖籍长乐。刘蘅幼失怙恃，赖兄长拉扯成人，其二兄即辛亥革命黄花岗七十二烈士之一的刘元栋。刘蘅十七岁嫁夫吴承淇，后随夫寓居北京。1924 年在北京拜陈衍为师。1929 年又入何振岱门下，据何曦《晴赏楼日记稿》记载：“（己丑年农历五月）廿一日：癸卯。……午后，吴秀明来拜师。余未见之。”引荐人为王闲，对此何曦《晴赏楼日记稿》也有记载：“（己丑年农历四月）廿九日：壬午。……午后，翼之友吴秀明女士来访。同乡，螺洲人也。略慕词章之学，因翼之来拜吾父，盖欲来受业耳。”此前一年的 1928 年重阳节，刘蘅与王真、王闲姐妹初识于故里，彼此都有一见如故、相知恨晚之感，此事见刘蘅的《坚庐六十

中年刘蘅

老年刘蘅

赋祝》一诗（收入《蕙愔阁诗词》）。1957 年刘蘅受聘为福建省文史馆撰稿员，后转为馆员。1980 年代被推选为福建逸仙诗社社长、福州三山诗社顾问。所居曰蕙愔阁，撰有《蕙愔阁集》《蕙愔阁诗词》。

张苏铮（1901—1987），字浣桐，福州人。其父张恭彝乃晚清进士。张苏铮毕业于福建省立女子师范学校，与叶可羲为同届不同班同学。民国时期曾执教于福州中学。嫁夫梁仲昭，生育几个子女未详。张苏铮 1966 年离开福州，随夫辗转于西北各地，直至去世再未回过家乡，也再未晤上社友一面。张苏铮负笈何门的日期是农历丙子年（1936 年）十一月十四日，其《踏莎行·艺兰》一词题下注云："丙子月当头夜作，时负笈师门才一日也。"引荐人待考。所居曰浣桐书室，撰有《浣桐书室诗词》。

中年张苏铮

薛念娟（1901—1972），字今如，一字见真，福州人。其父薛裕昆乃光绪二十八年（1902 年）举人，精六壬，薛念娟得其真传。1920 年代初毕业于北京某中学，民国及新中国时期先后执教于福州多所中学。嫁夫陈星卫，育有二子一女。薛裕昆与何振岱为深交，何振岱算是薛念娟的父执，1920 年代中期，

中年薛念娟

老年薛念娟

薛、何两家及陈、何两家（薛念娟的公公陈叔厚与何振岱也交情颇深）在北京都常有过从，只是彼时何振岱与薛念娟尚未建立师生关系。薛念娟拜在何氏门下当在1937年初寿香社开始活动之时，叶可羲《今如楼诗序》说薛“中年入吾师何梅叟门”可证。所居曰今如楼，撰有《今如楼诗词》。

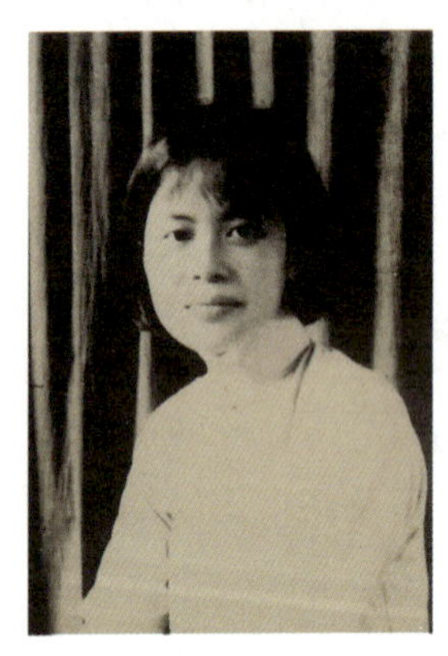

青年施秉庄

施秉庄（1901—1986），字浣秋，福州人，祖籍长乐。其父施景琛乃民国时期福州名儒，在国内也颇有名气。其姑母施毓敏也是叶可羲之伯母，能诗，有遗稿《浣花轩诗集》传世。施秉庄毕业于北京国立艺术专门学校，是叶可羲的早一届校友，叶可羲《鹧鸪天·浣秋约游武夷未果，今寄所绘山游册页索题，感而赋此》中

“当初共学记京畿”一句可证。1930 年代，施秉庄曾同其姐施秉端（字聆秋）、妹施秉雅（字味秋）合作出版《泉山甲子元旦画册》。40 年代又曾于上海、北京等地合办“三秋画展”。施秉庄民国时期执教于福州多所中学。1948 年嫁与一位金姓人家，随即去了台湾。此后海峡两岸隔绝，音讯杳然。直到晚年，方与社友取得联系，但未能回福州一聚。施秉庄入何门时间估计为 1937 年，叶可羲作于 1937 年春的《劝浣秋学诗》诗，可能就是劝施秉庄师事何振岱的一首诗，引荐人叶可羲。所居曰延晖楼，撰有《延晖楼诗词》。

洪璞（1906—1993），字守真，福州人。幼入私塾，后毕业于福州女子家事学校。嫁夫李天柱，育有二子三女。其长子李清系书法家。洪璞于 1941 年拜何振岱为师，引荐人待考。所居曰璞园，撰有《璞园诗词》。

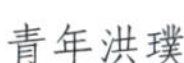

青年洪璞

老年洪璞

王真是十才女中最早离开人世的。1970 年年底，王真患胃癌动了手术，半年后又动第二次手术。然而这两次痛苦的抗争并未能让她挣脱病魔的摆布，第二次手术后仅两个月便告不治。王真走了，犹如一片瘦削的秋月，坠入寒潭而长眠其底。“朋侪咽泪化为诗，吟似峡猿声相应”（叶可羲《竹韵轩集·哭耐轩》），王真的逝世给社友们带去如失姐妹般的巨大悲痛，也让她们仿佛一夜之间感受到了人生大限的威胁。接下来不到十年，薛念娟、王德愔、何曦相继去世。“可堪老泪交流日，多是秋风摇落时”（白居易《寄刘苏州》），此际花落人亡之痛，无情地取代了昔日飞觞醉月之欢。1985 年叶可羲离世之后，寿香社益发凋落，社事几乎不再举办。1999 年王闲逝世，她的离世为寿香社画上了句号。

第二章　才女们的老师何振岱

何振岱既是寿香社的主持人，也是十才女的老师，因此，要了解才女们读书习作的书斋生涯，了解寿香社的雅集，就有必要先了解何振岱其人。

何振岱（1868—1952），字心与，一字梅生，号悦明居士、龙珠居士，晚号梅叟、觉庐老人、圆修老人、南华老人等，福州人，祖籍福清。公元1897年中光绪丁酉科福建第四名举人。1898年入名儒、词学家谢章铤门下。1916年农历四月福州《西湖志》重修，何振岱任总纂。同年十一月复参与修纂《福建通志》，

晚年何振岱

任协纂。20 世纪 20 年代后期旅京期间曾参与《续修四库全书总目提要》的选目工作，名列编委名单之中。

何振岱终生布衣，一生与书为伴。弟子林心恪曾据其所见写道：“（师）年虽迈，犹日手一卷，危坐丹黄。”（林心恪《我春室集序》）弟子王真也曾记其所闻于《道真室随笔·觉庐侍谈录》中：“师身不离书，手不释卷，尝叹曰‘老而不辍读者，只吾与叔伊（陈衍）耳’。”此叹不无自豪之口气。

《觉庐诗稿》

何振岱工古文辞与诗词，尤以诗歌成就最高，也最为世人所称道。而他本人似乎也偏爱自己的诗作，1936 年从北平返里之后，即着手整理自二十岁至七十岁的诗作，成七卷本《觉庐诗稿》，于 1938 年刻成问世。惜此书校勘欠精，讹误不少，遂有“既散赠，复悔之，分函亲友收回”（陈声聪《兼与阁诗话·清风不碍伯夷隘》）之举。而文集《我春室文集》、词集《我春室词集》以及诗集续编《我春室诗集》，皆其身后由子女和学生编成问世。

1922年春永泰小雄山雅集。左起第一人何振岱、第三人王寿昌、第四人林纾、第五人王允晳、第七人陈宝琛、第十一人周愈。

何振岱以诗人自许，以写诗为毕生事业。他主张诗写性情，认为好诗皆从胸臆中流出：“总以自写胸襟、意与造物者游为最上乘耳。”（《何振岱集·与田生古序书》）但又认为不等于写性情的诗就是好诗：“诗高全在性情不凡……诗言志一语，引而未发，人苟性情不凡，即是诗之根本，失其不凡之性情，安有不凡之言语？鸱作凤鸣，豕具麟彩，不几于妖乎？”（何振岱《鸴鸠斋杂识·北游纪略》，未刊）凡者，俗也，不凡之性情，不凡之言语，才是诗人之诗的标志。两个“不凡”使诗人之诗以其特有的空灵气，区别于政治家之诗的策论气，理学家之诗的语录气，学问家之诗的獭祭气（这三类人的诗也不乏好诗，只是

1936年春与陈三立（右）合影于北平海甸。何振岱诗《春日出游……得十四首》之六云：“一朝三遇庐山叟，风日晴和胜处游。我与先生同一忆，海棠花底话苍虬。”诗中“庐山叟”即陈三立，“苍虬”即陈曾寿。

总不免质实的遗憾），自然也就没有以文为诗、以议论为诗的习气。何振岱正是以擅长写作诗人之诗而闻名于民国初期的诗坛。

而在有清一代诗人中，写作诗人之诗且造诣最高的当推王渔洋，因此何诗即来自王诗。这不是笔者的新发现，前人早已言之凿凿。何振岱的老师谢章铤赠诗有“果能惨淡得生新”（《梅生贤友以诗文见质，并索鄙言，因书此以赠，愧予弇陋，不足当君意耳》，转引自《何振岱集》）之誉。诗评家陈衍说何振岱之诗“语能自造，而出以自然，无艰涩之态”（陈衍《近代诗抄》何振岱条）。又说“梅生诗词幽远精深，一时罕有其匹，真诗人之诗也”（陈衍《石遗室诗话》卷三十一）。诗人许承尧赠诗云：“梅叟诗心如嚼雪，净彻中边清在骨。因物赋形了无着，神理绵绵故超绝。冲然不废花竹喜，适尔时成山水悦……”（《疑庵诗·拔可招同梅叟、无畏饮墨巢，赋赠梅叟》）这六句诗概括了何振岱诗歌清淡雅洁、含蓄蕴藉、自然天成的特色。以上三人所揭示的何诗特色，便是王渔洋神韵诗的特色，所以笔者认为何振岱诗歌得力于王渔洋。再者，何振岱指导他的学生读清诗，选了四位诗人：王渔洋、吴梅村、黄仲则、郑子尹，王居四人之首，他还单独强调“王渔洋诗当背诵数十首”（转引自王真《道真室随笔·梅师读书举要》），可见他对王诗的推崇。

当然，说何诗自王诗来，最有说服力的证据还是他们二人的作品。何振岱的诗工于写景抒情，善于寓情于景，他的杭州西湖诸诗，当时即广为诗坛名流激赏（见陈衍《石遗室诗话》

《近代诗抄》）。后来的钱仲联更是推许备至，以为“并世陈曾寿、俞明震诸家西湖诸作，都未必高出其上，厉鹗再世，定当把臂入林，钟、谭之流，不足道了。这是诗家逸品，高出能品之上”（钱仲联《近代诗抄》何振岱条）。我们不妨读一读何的西湖诸诗，以五言古诗为例，其中《冷泉亭》《鹤涧小坐——理安寺前》《理安寺泉》《孤山旧游处》《泛湖杂诗》，皆西湖诸诗之尤佳者。陈衍《石遗室诗话》卷六谓《鹤涧小坐》“起四语是东野境界”，《理安寺泉》“起是柳州境界”，这是溯其远祖。倘若寻其近祖，笔者则以为非王渔洋莫属，其意境和语言皆逼肖王渔洋之写景五言古诗，如王渔洋康熙二十四年游匡庐所作之《与孙豹人周星公往白鹿洞次回流山》《自白鹿洞至三峡涧》《三峡桥》《玉渊潭》《栖贤寺》《万杉寺》等。以下各举二人五言古诗若干首，与读者一道品味。

庐山何高高，白云在山腹。倏忽萦山椒，亦或带山足。上下无定姿，顷刻屡移瞩。山径不逢人，樵歌出深谷。何处递松声，风泉满林麓。

（王士祯《与孙豹人周星公往白鹿洞次回流山》）

五里闻瀑声，轰若车千两。溪回见飞梁，穹若虹百丈。众流会三峡，峡门扼其吭。建瓴沸惊湍，排空削层嶂。石激水斯怒，水横石逾壮。水石终古争，怪奇纷万状。日射金井潭，溅沫出桥上。日光散青红，雨丝乱飘飏。绝景遇两苏，何人继高唱。

（王士祯《三峡桥》）

朝过玉京山，缅想陶公里。溪回得寺门，曲折杉松里。雨中念佛鸟，交语清人耳。风吹修竹林，下有寒泉水。

（王士祯《万杉寺》）

枯冬贮春清，含气发静秀。岩花附松篁，霜雪压弥茂。下有一泓水，风吹碧烟皱。寒林写猿思，数叶石塔后。斜阳与之红，向空见明瘦。昔梦落何许，片云卧晴岫。抒怀诵骆诗，倚冷坐移昼。

（何振岱《冷泉亭》）

地天忽自通，一碧不可绝。举眸悚阴森，恐入神灵窟。万篁争奋挺，丛楠皆耸拔。桥行俯寒涧，自古流苍雪。愔愔琴思生，冥冥鹤迹没。出山衣藓香，湖光湔不灭。

（何振岱《鹤涧小坐——理安寺前》）

午阴敛水容，铺作半湖暝。片云过山去，还我大明镜。日光闪中流，照见荇藻净。荡漾千金蛇，吐彩无时定。虚明既澈底，呈露益幽靓。游鱼停复趋，亦各适所性。

（何振岱《泛湖杂诗》四首之三）

以上六首诗写景皆能真切活泼，唯其真切，故读来如见；唯其活泼，故读后可味（此处借用清人伊应鼎评渔洋诗《白白鹿洞至三峡涧》语）。后三首神似前三首，可证何诗自王诗来。

冷泉亭

理安

此外，何振岱诗集中的七言绝句亦饶有神韵派绝句的韵味，以下试读几首：

石钟山下一眉秋，吴楚千江集暮愁。直到潮回天尽黑，数星渔火伴孤舟。

（何振岱《新月忆昔》二首之一）

寒逐江声上枕旁，起看残月在高樯。真疑短却前宵漏，迸作今宵一味长。

（何振岱《舟夜》）

布帆一片是渔艭，天卷长虹入小窗。枫叶芦花都未有，只凭寒日看秋江。

（何振岱《闰七夕洪山桥酒楼》四首之三）

波流几转是螺洲，云白山青只树头。篷背有香吹不断，橘花风里着凫鸥。

（何振岱《白湖泛舟》四首之一）

东风门巷小精庐，虫鸟无声午睡余。背着画屏盘膝坐，梅花香里读仙书。

（何振岱《题竹韵轩》）

“绝句宜若仙露明珠，轻匀无迹”是何振岱对叶可羲《冬晓》诗所作的批语（手迹见本书第三章），这既是他向学生传授的绝句写作技巧，也是他自己绝句写作的经验总结。“仙露明珠，轻匀无迹”，八字自严羽的“羚羊挂角，无迹可求”（《沧浪诗话·诗辩》）来，而“羚羊挂角，无迹可求”正是王渔洋所标榜的神韵派诗歌所特有的一种境界。《闰七夕洪山桥酒楼》绝句共四首，风神酷似王渔洋之《真州绝句五首》，陈衍与钱仲联先后都编有《近代诗抄》，《闰七夕洪山桥酒楼》皆一首不落地入选（后来这四首诗收入《觉庐诗稿》时何氏作了修改，诗题也改为《洪山桥酒楼小集》，兹仍其旧）。《题竹韵轩》一首，其意境纯从《南史·傅昭传》中的一段文字化出，可谓“不着一字，尽得风流”（司空图《二十四诗品·含蓄》），而写来举重若轻，的是高手。《傅昭传》的那段文字为：“（袁）粲每经昭户，辄叹曰：‘经其户寂若无人，披其帷其人斯在，岂非名贤？’”

何振岱视诗歌为生命，创作态度一丝不苟。其师谢章铤1898年赠诗有“索句轮囷肝胆地，果能惨淡得生新”之句，“惨淡”者，苦心构思之谓也，“索句轮囷肝胆地”者，苦心构思之状也。其总角好友龚葆銮1893年写的《题梅生诗卷后》也有“冥心觅句时长哦”（转引自《何振岱集》）之说，冥心者，潜心苦思之谓也。师友的赠诗证明他年轻时即有苦吟之癖，不肯随便成诗。他的杭州西湖诸诗，便是苦吟而成功的例子。王真当年曾记下老师的话：“吾游湖诗已改十二次矣！”（转引自王真《道真室随笔·觉庐侍谈录》）说他视诗歌为生命，于此可见一斑。

何振岱精吟诵，他的何氏吟诵腔，诗词文吟来都十分好听。安徽籍诗人许承尧喜欢听他的诗歌吟诵，1936年二人沪上分手时，何振岱赠诗有“身存会相见，为子哦唐诗”（《何振岱集·留别疑庵》）的承诺。一种方言吟诵腔能够超越语言障碍而得到对方的认可，这表明它确实具有一定的魅力。而湖北籍诗人陈曾寿，也曾夸奖何氏女弟子吟诵诗余犹如“黄鹂声漾白芙蕖”（《何振岱集·次夕德愔同诸友集小斋宴饮唱词》）般优美动听，这无异于是对何氏吟诵腔的肯定。而延续了五十年之久的寿香社雅集，每次都要安排吟诵诗词的活动，可见弟子们对何氏吟诵腔是何等痴迷。

何振岱工书，碑帖俱精。大抵四十岁之前为应科举考试之需，多下晋唐法帖之功，所临之帖有《黄庭经》《十三行》《灵飞经》等。四十岁之后则沉潜于汉魏碑铭之玩味与临写，其常临之汉碑有《史晨碑》《尹宙碑》《礼器碑》《张迁碑》《夏承碑》《鲁孝王石刻》等，魏晋南北朝之碑有《好大王碑》《石门铭》《郑文公碑》《穆子岩墓志》等。老年则超然于碑帖之外，纯以天机作书，笔底皆诗书之光华，极尽文人字以情带书之能事。

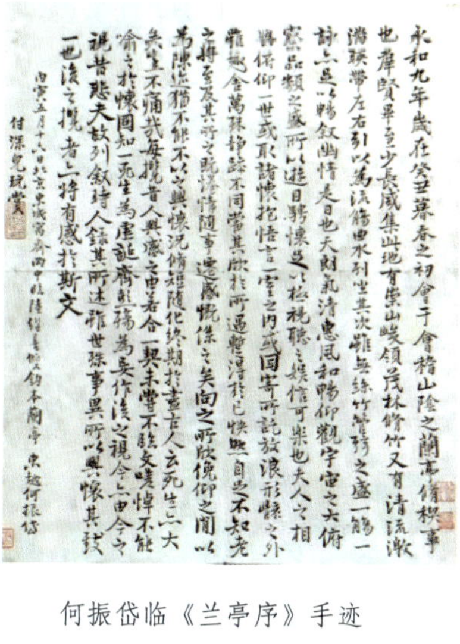

何振岱临《兰亭序》手迹

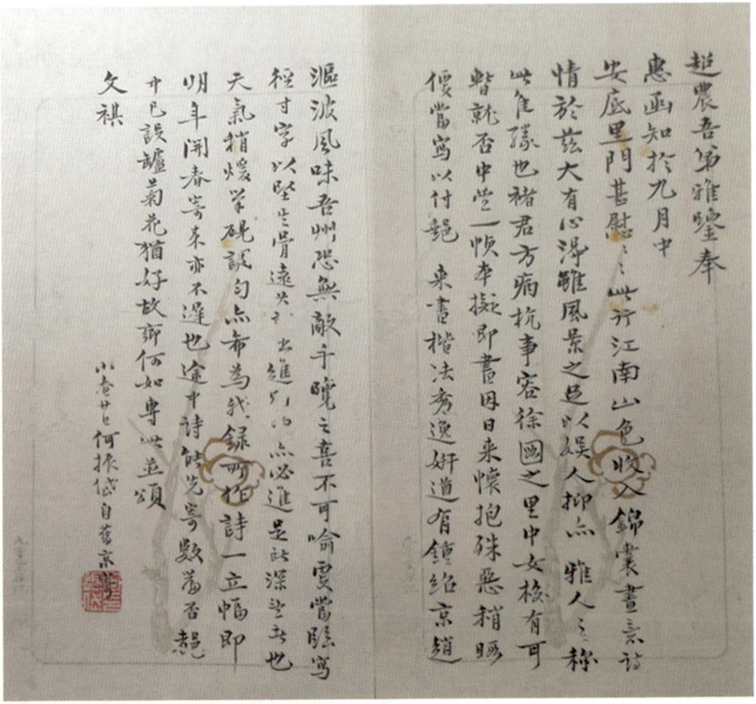
超農吾弟雅鑒奉
惠函知於九月中
安抵里門甚慰慰此行江南山色收入錦囊畫亦詩
情於茲大有心得雖風景之迭以娛人抑亦雅人之稱
此韻緣也褚君方病抗事容徐圖之里中女校有可
暫就否中堂一幀本擬即書因日來懷抱殊惡稍暇
便當寫以付郵 來書楷法秀逸姸道有鍾紹京遺
漚波風味吾州恐無敵手矚之喜不可喻又嘗臨寫
經寸字以堅其骨遠之又遠 出縫外之點必進是訣深望知之也
天氣稍煖筆硯誠勻點布為我錄所作詩一立幅即
明年開春寄來亦不遲也途中詩能先寄數篇否懇
中已設爐菊花猶好故鄉何如專此並頌
文祺
小春廿七 何振岱自蓉京

何氏信札写得如行云流水，极文人字以情带书之能事。

何振岱的书法成就源自他一生的勤学苦练，非唯勤学，且善于学。1934 年何振岱已年届六十七岁，尚为自己定下日课：“自是之后，每日临古碑帖，皆写全本，留为成绩，以验进退。”（《何振岱日记》1934 年农历八月初八日）并眉注“定课无改”四字。这是勤学的例子。至于善学，即思与学并重，因思而悟，悟出其中的门道来，收事半功倍之效，这样的例子同样见诸何氏日记中。如 1926 年农历十一月十五日日记写道：“阅《张迁碑》字，悟其左右上下避让之法，至为微细。因以朱笔略注所见，凡廿余字。往日真是蛮写，毫无见处也。”又如 1928 年农历八月廿二日日记写道：“起，写大字六张。悟得写字只练得笔锋不著纸，能笔笔立，复笔笔吞，则思过半矣。”1940 年，他作有《临石门铭十年，忽有所悟，喜而书此自勖》一诗，既肯定了此前的“老来更力学，此志偏不衰”，也为当

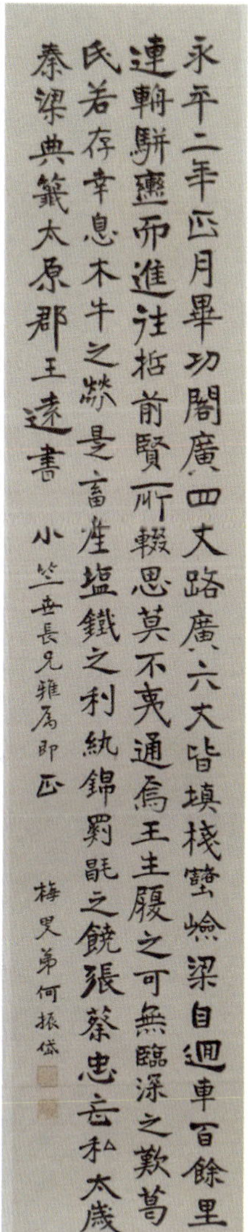

何振岱临《石门铭》手迹

前的“一朝若有见”“苦心造妙境”而感到欣慰，同时仍不忘提醒自己“微悟何足恃，努力须虔追”，可谓老而弥笃。

何振岱也擅画，于是有诗书画三绝之誉。他所作的扇面书画，因为上面写的字常常就是自己的诗，所以几乎都称得上三绝。陈曾寿赠诗有“梅生三绝吾师事”之句，深致景仰之意。何振岱善山水画，其所瓣香者，宋代的董源、巨然、李成、范宽、赵孟坚，元代的赵孟頫、黄公望、王蒙、吴镇，明代的文徵明、唐寅、董其昌，清代的萧云从、恽寿平。尤喜画墨梅，师法南宋扬无咎、元朝王冕。

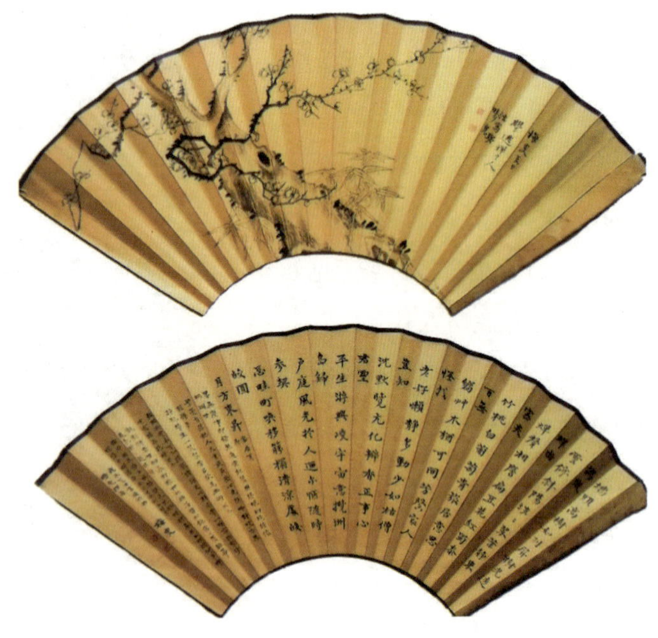

集诗、书、画三绝于一扇

清人盛大士云："士人之画妙而不必求工，作家之画工而未必尽妙。"何氏之画正所谓"妙而不必求工"者。

旅京期间，他常自携干粮到故宫观画。每次皆日出即往，日落始归，归来辄乘兴追摹背临。几年下来，所读宋元明清之画不下千余帧，熟悉到“吾尝合睫即若众画之罗列于前”（见何振岱与叶可羲信札，未刊）的程度。饱读名家真迹让何振岱眼界大开，画技大进。但何振岱并未将习字的那股勤奋劲用于习画上，这是因为习画太花时间，何氏平生以读书为第一要务，以诗人自许，视绘画为余事，所以当读书与绘画在挤占时间上产生矛盾时，他选择了读书，理由是：“若取两事（读书与绘画）较之，仍是耽书为主，以画辅之。盖所可学者法耳，意则吾人所自有也，读书多则意愈足，画无不佳者，此则可必者矣。”（《何振岱集·与王生坚庐书》）“读书多则意愈足，画无不佳者。”“画之佳处在一缕性灵与之氤氲耳。”（均转引自王真《道真室随笔·觉庐侍谈录》）这让何氏之画去画工之画愈远而距文人之画愈近。他还提出文人画作者“画心（即作画人的主观修养）高于画力”（转引自王真《道真室随笔·觉庐侍谈录》）以及文人画“能画诗”（《何振岱集·与王生耐轩书》），即擅长画诗、以诗之意境入画的见解，且身体力行，丰富了文人画的理论与创作，可惜人微言轻，不为画坛同人所重视。唯陈曾寿题何氏画曰：“梅生先生人品高洁，偶尔作画，翛然意远，若不食人间烟火者，其妙正在不能甚工，全然士夫气，与时流相去何啻霄壤之别。”最是知己之言。

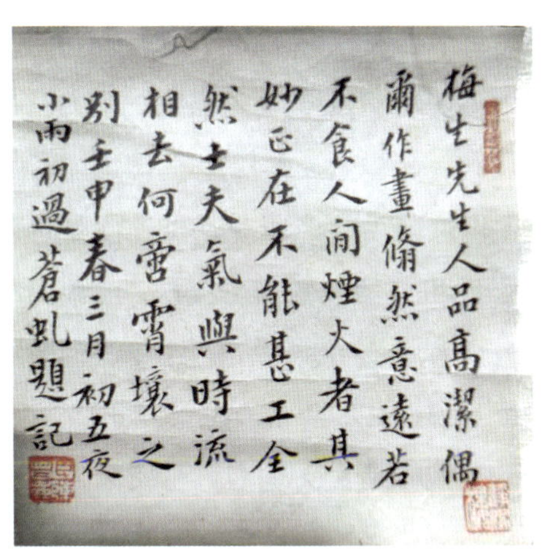

陈曾寿为何振岱画作题记。

何振岱还擅古琴。自言“余初学琴，笃访琴人，无真正知解者”（《何振岱集·杭州徐圣禅家藏古琴拓本序》）。42 岁从南昌归来后，学琴于刘钦。刘钦字章甫，祖籍贵州，先世宦闽，遂入籍于闽。刘钦精音韵之学，光绪已丑科举人，中举后在龚易图家处馆，兼教古琴。据何振岱回忆，刘钦于古琴“本末兼审，妙阐玄旨，具有道气，度其所诣，直不可以一艺尽之”（同前）。此文人之操琴者也。琴人于琴无真正知解者，而真正知解者乃在文人之中。何振岱便是一位善操古琴的文人。

1943 年 1 月 30 日，因事来榕的国立福建音乐专科学校校长卢前慕何振岱诗人兼古琴名家之名，约同沈祖牟一道拜访了何振岱。据卢前《丁乙间四记·福州十七日》记载：“祖牟约往文儒坊三官堂访问何梅生老先生。梅翁是留闽唯一的诗人，他的七弦琴还没有传人。我想请他在春暖时来永安音专一讲琴学，并请介一弟子到永授琴。”卢前对何振岱的为人及其琴学琴艺显然都十分推重。

何振岱一生以授徒为自由职业，是一位民间教育家。他在1928年前后写给叶可羲的一封信中提道：“吾授学数十年，及吾门者不下二三百人。”这应该说是一个不小的数字。凡是入何氏之门的，他都一视同仁。王真《道真室随笔·觉庐侍谈录》记录道：“师云：‘我于诸生无偏心，可质天地神明，有悦学者皆愿倾我所知以告之。’”他既授学生以诗、书、画、琴，也授以为人之道，强调“士先器识而后文艺”，即先当君子，再当文人。

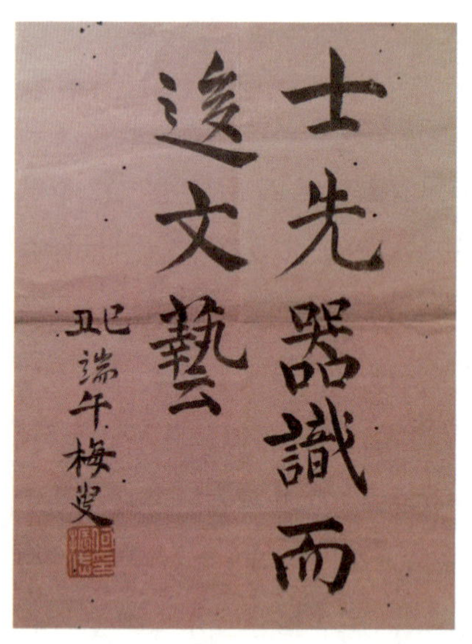

何振岱对学生的要求：士先器识而后文艺。

何振岱的教学思想和教学方法十分先进，举凡当时中国高等学堂的研究生教学、函授教学，他都乐于借鉴和采用。据寿香社才女们回忆，老师何振岱从未给她们上过集体课。虽然老师曾给个别学生说过书，但他依然主张应靠学生自学，老师则为学生开列书单，适当指导，布置并批改作业。

何振岱给学生布置的作业是撰写读书札记，写作诗词，习字习画。每隔一段时间，学生将读书札记以及诗词字画等习作交给老师批改。何振岱还建议学生“约定三数人共治一经，或一子史，以有札记批评为着实功夫，不特成己，兼可成人”（《何振岱集·答王生德愔》）。这是鼓励他们从事国学研究，既当文人，也当学者。

从开列书单让学生自学并撰写读书札记，到鼓励学生治经治子史，既当文人又当学者，这种种做法不就是同时期国立高等学堂中的研究生教学吗？由于何振岱曾长期客居北平，师生间的授业解惑以及读书札记、诗词习作的批改，都是通过书信往返来进行，这又颇似于中国早期的函授教学。总之，何振岱的教学思想与教学方式都十分新潮，绝非一般塾师所能望其项背。

作为老师，何振岱十分尽职尽责。一部《寿香社词抄》，收有八位弟子的三百六十二首词，这些词无一首不饱浸老师的心血。1951年春，王真手抄自己的诗作成《道真室诗》，呈交何振岱审阅。当时何振岱已是八十四岁高龄，仍以羸弱之躯为《道真室诗》作全书的批改，并写序、作跋、题赙，知此事者无不感动。所以“为父母者皆以子女得附门墙为幸”（叶可羲《竹韵轩集·何振岱传》），而他的学生后来也都备受所在行业的欢迎和倚重，这无疑是民间对何门教育的最大认可。

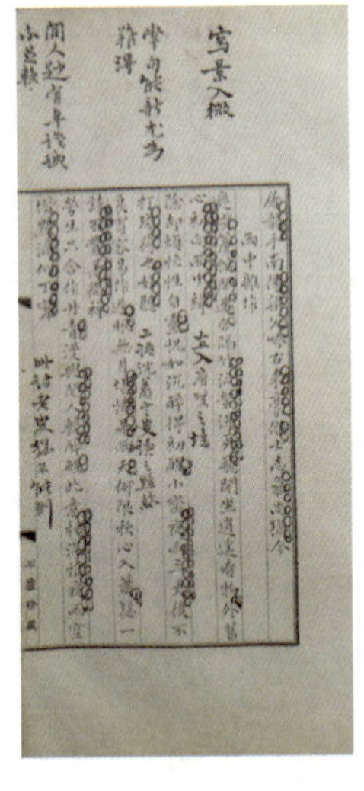

批改

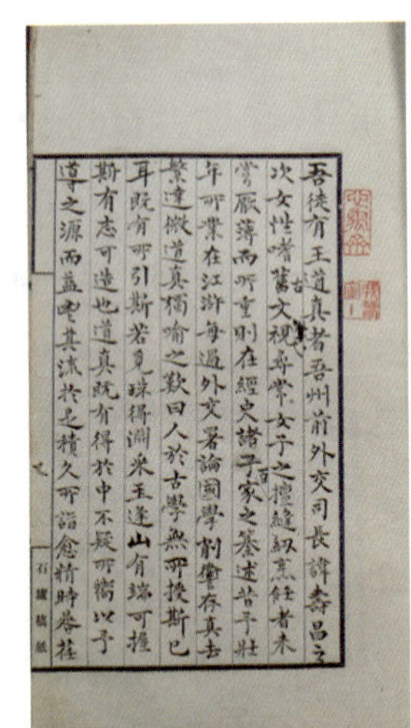

吾徒有王道真者吾州前外交司長許壽昌之次女性嗜舊文視尋常女子之攟縫紉烹飪者未嘗厭薄而所重則在經史諸子家之纂述昔予壯年所業在江浙每過外交署論國學刊僞存真去繁達微道真獨喻之歎曰人於古學無所授斯已耳既有所引斯若見珠得淵來玉逢山有端可推斯有志可造也道真既有得於中不疑所嚮以予導之源而益鬯其流於是積久所詣愈精時奉往

写序

作跋

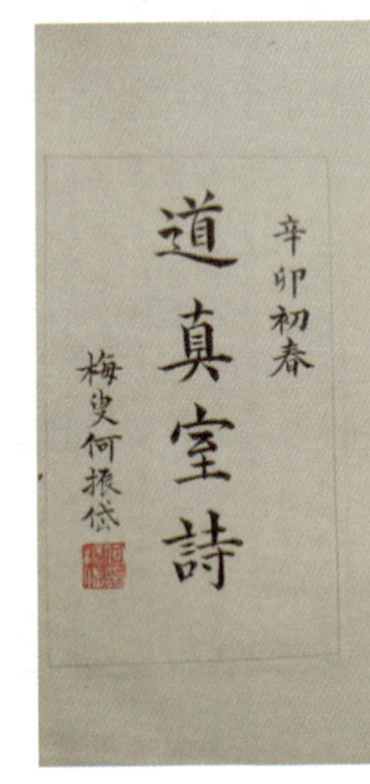

题赠

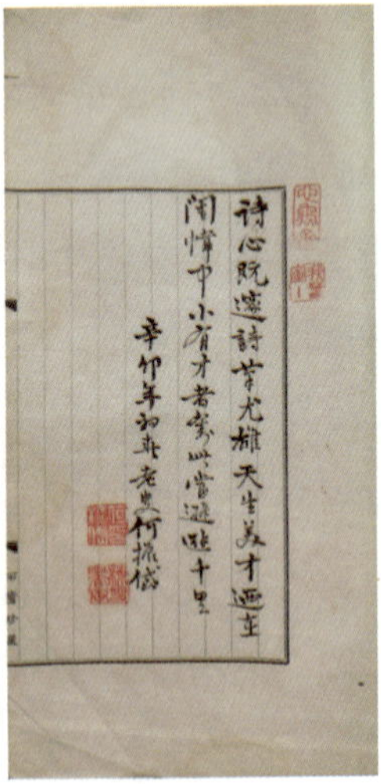

第三章　才女们的功课

才女们的功课有常课与日课二说。常课是依据较长一段时间内的学习计划而定，其功课既有每日必修的，也有非每日必修的。日课则依据近期内的学习计划而定，其功课皆是每日必修。从《何振岱集·与刘生蕙愔》中，我们得知刘蘅在1935年前后几年的常课有：倚声、作画、读《易》、弹琴、学书、习静、礼佛、种花。而何曦在她的1928年农历十月初二日日记中，则记录了她当时自定的日课：

> 旋自定日课，就正于父亲。每日早晨写经，温《孟子》，看《文史通义》。午后习字，篆、北魏两体，点《易知录》二页，笔记，摘抄《文选》。夜背诵古诗一首，温琴。
>
> （何曦《晴赏楼日记稿》）

何曦所定的日课中，温《孟子》、看《文史通义》、点《易知录》、摘抄《文选》与背诵古诗，这些日课与刘蘅常课中的读《易》，都属于读书的范畴，可见读书的重要性，它是文人所有功课的出发点。收在王真《道真室随笔》（油印本）中由王真整理的《梅师读书举要》《梅师教学笔记》二文，记录了老师为学生开列的书单，书单囊括了经、史、子、集诸方面的书籍，这是何振岱提倡的“学由博入，人人必读之书须遍览习之”（转引自王真《道真室随笔·觉庐侍谈录》）这一主张的体现。但是，光有书单还不够，关键在于老师的指导，哪些书先读，哪些书后读，哪些精读，哪些泛读，都少不了老师的指导。何振岱在写给叶可羲的信札（约写于1920年代后期，未刊）中对叶可羲的读书做过如下的指导：

> 读书先求其要者。……（《四库全书总目提要》）凡数十类，皆有总提要，即总论也。草书抄，每日一篇，约二三月可毕。……此为第一步入手之大道路。夫名为士人，而于古今经史源流不能明白，遑论其他？君诚有志，请先理此，以后应读之书亦不多也。经史之数有定，人能熟一经一史，便成学士。子部要者亦不过数类，集部则当看者更不必多，直浏览足矣。大抵得要则易成，泛及则虽勤不足道也。

一位旧派诗人如此推重《四库全书总目提要》，实不多见。

此外，王真的《道真室随笔》也留下了老师指导读书的一系列箴言：

《十三经》总共六十二万五千八百七十六字。每日熟二百字，十日二千字，百日二万字，一年除放假一月，只以三百三十日计算，可熟六万六千字，二年可熟十三万二千字，《孝经》《论语》《孟子》《诗》《书》皆熟矣。

先读《孝经》，次《论语》，次《孟子》，再次《礼记》兼《左传》。《左传》正不必全读，选读可也。但须用全本，若句解快读之类，必不可用。

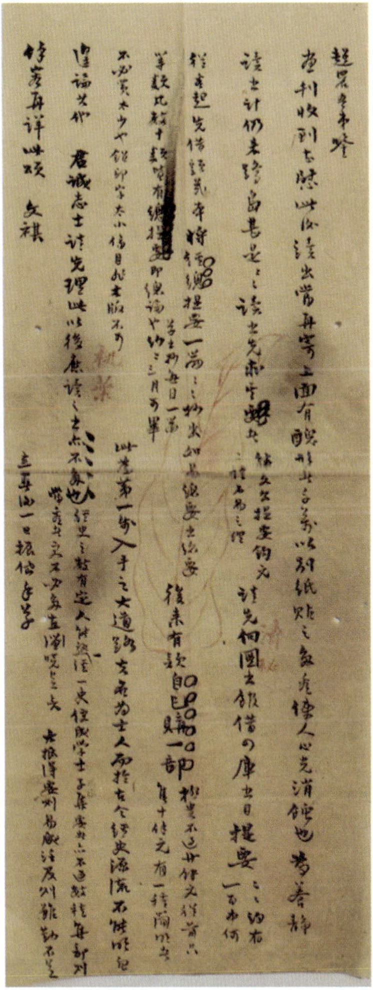

何振岱与叶可羲信札：“（《四库全书总目提要》）此为第一步入手之大道路。”

经书中多惊心动魄之语，轻易读过，于心魄不甚震动，不能得力。熟一二经之后，闲时触物有悟，经与经相证，经与传相证，新意涌出，乐且无穷。

史熟，作诗文始有根柢。友无史熟经精者，不得谓之益友。

至于笔记，即撰写读书札记列为日课，那是由于笔记其实就是作业，而作业必须每天都要完成，方能保证读书的质量，因为要写好读书札记，既需要挑好书来读，还需要沉到书里去，如此才能读出真知灼见来：

笔记每日必有一二条，不可间断。无所得则无所记，故以看好书为要。

（转引自王真《道真室随笔·觉庐侍谈录》）

此外，笔记列为日课，还因为何振岱认为笔记是日后做大学问的准备：

笔记以发明道理，不可不为，此最关学问之事。

（何振岱与叶可羲信札，未刊）

古人为学，无不札记，积久便可成书。且门类甚宽，任记何事皆有先例可循。略讲文法，则古文之阶梯也。以经证经，以传证传，则考证之基础也。其余论诗词，论书画，论诗即诗话，论词即词话，无所不可，较胜于作诗词。

（同上）

至于如何做读书札记，他也曾予以具体的指导：

请先言经。经是君已读过，可就性之所近，捡取一部，以三年之功治之。假如择了《诗经》，则凡《诗经》笺传注疏，与种种释解《诗经》之书，渐次收集，采其精要，加以思维，后来可成了自己著述。他经仿此。

（何振岱与叶可羲信札，未刊）

写作诗词因有待于灵感的萌发，所以诗词写作不列入日课而列入常课。但每个月仍有一定的数量要求："每月即寡暇，亦当有数篇以发天倪。"（何振岱与叶可羲信札，未刊）。故刘蘅常课中有"倚声"即填词一项。作画也因有待于灵感而不列入日课。至于临画虽然不待灵感，但较之临帖费时太多，所以何振岱也不主张列为日课，但不排除在某段时间内列为日课。

刘蘅的常课中，倚声、作画、学书三者就是中国传统文人普遍追求且普遍擅长的诗书画。苏轼对诗书画三者的关系有过精辟的论述，他说："诗不能尽，溢而为书，变而为画，皆诗之何振岱与叶可羲信札："古人为学，无不札记，积久便可成书。"

余。”（苏轼《文与可画墨竹屏风赞》）诗歌是抒情的艺术，而在文人那里，书画同样也是抒情的艺术，抒情将三者贯串起来，因此抒情是三者共有的内在本质，是它们的共性。三者所不同的只是外在的表现形式。诗歌表达不尽的情，或接着由书法来表达，或改由绘画来表达，因此，三者中诗歌的抒情功能最为突出，地位也最为重要，书法与绘画皆次之，所谓“皆诗之余”。于是，在文人眼里，不能诗而能书者之书，只能称之为工书人字（或书人字），不能诗而能画者之画，只能称之为画工画；而能诗者之书，则称之为文人字（或士夫字、士人字），能诗者之画，则称之为文人画（或士夫画、士人画）。

诗书画皆有超群不凡之造诣的，世称诗书画三绝，一身而兼此三绝的人，有史书记载的，当推唐代的郑虔为最早。唐人李绰《尚书故实》载：“（郑虔）后自写所制诗，并画同为一卷，封进。玄宗御笔书其尾曰：‘郑虔三绝。’”《新唐书·列传文艺中·郑虔》所记同。一身而兼诗书画三绝之人，郑虔之前及与郑虔同时，或皆已有其人，只是史书未予记载，以致湮没无闻。郑虔之后一直到20世纪初叶的一千多年间则代有其人，举其尤者，如宋之苏轼、米芾，元之赵孟頫，明之唐寅、文徵明、董其昌，清之恽寿平、郑燮、金农等，而且诗书画三绝成了无数文人终生向往的目标。时光推进到21世纪初，诗书画三者俱精之人已寥寥无几，今则不复闻矣。下文详细介绍才女们的功课，即以诗（含词）书画三课为重点，再加古琴一课。

一、诗课：一缕清思　一枝妙笔

一缕清思，一枝妙笔。何振岱用这八个字告诉他的学生，要成为一个诗人，就必须具备这样的修养和能力。清思，是说诗人之情思清而不浊、雅而不俗；妙笔，是说诗人之才华横溢出群、笔底生花。此八字源自清人赵翼《书怀》三首之二中的两句诗，原诗为：

> 既要作好官，又要作好诗。势必难两遂，去官攻文词。僮仆怨其癖，亲友笑其痴。且勿怨与笑，吾自有主持。一枝生花笔，满怀镂雪思。以此溷尘事，宁不枉用之。何如拥万卷，日与古人期。好官自有人，岂必某在斯。

“一枝生花笔，满怀镂雪思”，赵翼显然颇以此自负，由此可知，清思妙笔对写诗的人来说，原是一种很高的要求。

那么，老师何振岱是如何辅导学生早日具备这样的修养和能力呢？首先，他要求学生必须博览群书，为此他开出一系列必读之书。据王真整理的《道真室随笔·梅师读书举要》一文记载，其中必读之书涵盖了经、史、子、集，具体到诗集也为数不少，笔者略为整理抄录于下：

《诗三百篇》，以宋人吕祖谦《吕氏家塾读诗记》为最佳之读本。

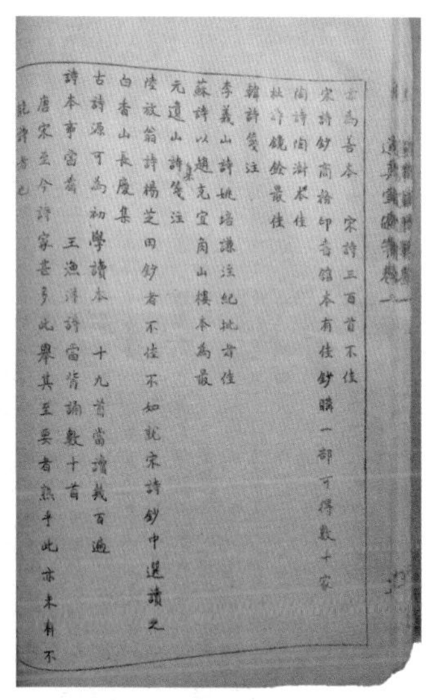
家為善本 宋詩三百首不佳
宋詩鈔商務印書館本有佳鈔購一部可得數十家
陶詩陶澍本佳
杜詩鏡銓最佳
韓詩箋注
李義山詩姚培謙注紀批亦佳
蘇詩以趙克宜角山樓本為最
元遺山詩集箋注
陸放翁詩楊芝田鈔者不佳不如就宋詩鈔中選讀之
白香山長慶集
古詩源可為初學讀本 十九首當讀幾百遍
詩本事當看 王漁洋詩當背誦數十首
唐宋至今詩家甚多此舉其至要者熟乎此亦未有不
能詩者也

《道真室随笔·梅师读书举要》局部

清人沈德潜《古诗源》可为初学读本，其中《古诗十九首》当读几百遍。

清人李蘅塘《唐诗三百首》为通行读本。

清人吴之振等《宋诗抄》，购一部可得数十家。

（以上总集）

陶渊明诗，以清人陶澍《陶渊明集辑注》为佳。

杜甫诗，以清人杨伦《杜诗镜铨》为最佳。

韩愈诗，以清人方世举《韩昌黎编年笺注诗集》为佳。

白居易诗，以《白氏长庆集》为佳。

李商隐诗，以清人姚培谦《李义山诗集笺注》、纪昀《玉谿生诗说》为佳。

苏轼诗，以清人赵克宜《角山楼苏诗评注汇抄》为最。

陆游诗，清人杨大鹤《剑南诗抄》不佳，不如就《宋诗抄》中选读。

元好问诗，以清人施国祁《元遗山诗集笺注》为佳。

王士祯《渔洋精华录》，当背诵数十首。

（以上别集）

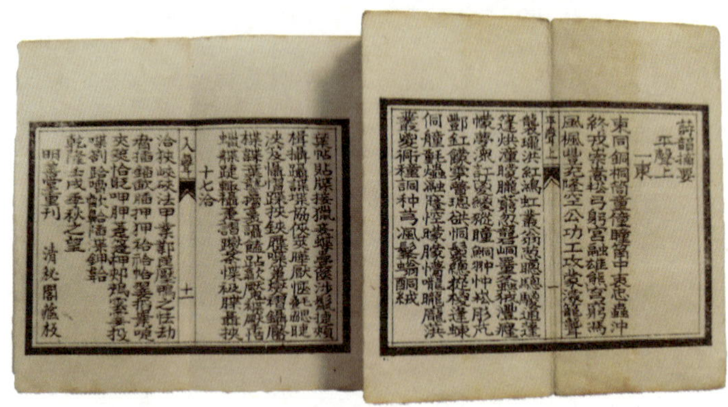

最小的古籍——经折装袖珍《诗韵》

清乾隆七年明善堂重刊，清秘阁藏板，该书高 7 公分，宽 4 公分，厚 1 公分，上图左为蓝布函套。

何振岱熟悉目录之学，为学生开列书目，可以避免学生读书泛滥无归，以至于终身无所得，反之，目标明确，可以收事半功倍之效。黄侃说过："凡古今名人学术之成，皆由辛苦，鲜有天才。其成就早者，不走错路而已。"（黄侃述，黄焯记《黄侃先生治学语录》）如何能够不走错路，其中老师的引导尤为重要。

书目既已明确，接下来则是怎么读的问题。对此何振岱也有一番指导：

> 凡看诗可分三种看之，写景要有意境，言情要有深情，论事要有怀抱。
>
> （转引自王真《道真室集·道真室随笔》）
>
> 凡看一家诗，观其所独觉而知其所独具者，已得大概。若第寻求于字句之间，斯失之矣。
>
> （《何振岱集·与陈生泽锽》）

独觉、独具，说的是某一家诗在内容、风格等方面呈现出来的不同于他人而为我所独有的特色。譬如陶渊明的诗歌，何振岱在"观其所独觉而知其所独具者"之后，得出了如下大概：

> 陶诗周情孔思，不与众诗同，当置全集，终身读之。
>
> （转引自王真《道真室集·道真室随笔》）

朱子谓陶诗凌厉，又云隐者每带性负气，是真知言。凡言陶诗平淡者皆不知陶诗。

（同上）

诗则周情孔思，本源出乎《鲁论》。人则淡薄宁静，风流比乎隆中。

（何振岱《鸴鸠斋杂识》，未刊）

在何振岱看来，陶渊明欲有为而不能，无奈而退隐，故其诗所说虽多老庄之言辞，而基调却依然是周情孔思，乍看起来似平淡旷达，仔细品味却是豪放悲愤。何振岱的《祀陶杂言》七首之第四首是他读陶诗《移居》后得出的与他人不同的看法，诗曰：

世外留天纪，构想成桃源。窃疑南村诗，亦无此朝昏。果多素心人，姓氏胡不存？美哉赏析乐，骨肉输此恩。何天得此友，何世有此言。悠悠复悠悠，思之销人魂。人爱陶诗达，我读皆泪痕。

何振岱认为《移居》诗一如《桃花源记》，所写皆理想而非现实，其思良朋不可得之感慨正与《停云》《时运》二诗同。因此，无论是“凡言陶诗平淡者皆不知陶诗”，还是“人爱陶诗达，我读皆泪痕”，何振岱都是在启迪学生读书或思考问题，均不可随波逐流，而要自具只眼。

以上是何振岱就读诗给学生做的指导，接下来再看看他是怎样指导学生写诗的。

看古人诗要看出其所独觉，同样的道理，写诗则要写出自己的独觉，这是何振岱向学生传授的经验之一。

> 所贵乎为诗者，以其应时触景皆有独觉也。
>
> （《何振岱集·与陈生泽镗》）
>
> 能写其独觉，一篇之中第有一二精语能令读者若同其所见，即为妙手。
>
> （《何振岱集·延晖楼诗草序》）

以上所云，意即要善于从那些与他人同时共见共闻共历的事和物中，发掘出他人未觉未言的东西来，这就是独觉。独觉其实即清思，独者，与众不同之谓，同便俗，俗便浊，与众不同则不俗，不俗则清。看出他人之独觉，也就是看出他人之清思，写出自己之独觉，也就是写出自己之清思。如果作者能将独觉心手相应地写下来，让他人读后有“实获我心”的感受，那么，这样的诗就是好诗，写这诗的人就是高手，就是手握妙笔之人。

老师何振岱的诗就有许多是写独觉的好诗，其中最有名的莫过于《孤山独坐，雪意甚足》，据王真《道真室随笔·觉庐侍谈录》记载：

“钟定声依无际水，诗成意在欲开梅”，此师所作孤山诗也。师尝云：“首句非身历其境，未能领此幽微之趣。”

“钟定”二句乃何振岱《孤山独坐，雪意甚足》一诗的颔联，全诗如下：

山孤有客与徘徊，悄向幽亭藉绿苔。钟定声依无际水，诗成意在欲开梅。暮寒潜自湖心起，雪点疑随雨脚来。一饮慰情宜早睡，两峰晓待玉成堆。

南屏晚钟

陈曾寿为何振岱幼子何敦仁所绘手卷赋诗并作跋，又为其作画。凡此种种，总不离何振岱《孤山独坐，雪意甚足》一诗。

何振岱曾经书此诗于陈衍的扇头，“见者无一不激赏‘钟定’一联，子培（沈曾植）、掞东（罗惇曧）尤爱其有禅理”（陈衍《石遗室诗话》卷六）。陈曾寿也极赏此联，他在1945年为何振岱幼子何敦仁的画作赋诗并题写跋文时，犹念念不忘此联，称之为四十年前“西泠相见时诗中名句也”，直言至今“依水钟声犹在耳”，并为何敦仁画了一幅“写钟定声依无际水诗意”的小画。综观该联，上句之妙正在于能写出独觉。因为当时雪欲下而未下，气流下沉，钟声自然也下沉而依于水面，久久回荡而未消失。如果是晴天，那么钟声自是“半入江风半入云”了。何振岱说“非身历其境，未能领此幽微之趣”，也就是说非身历其境者未能有此独觉。一般的人不会选择如此恶劣的天气来游湖，即使来了也可能视而不见，听而不闻，所以能写出独觉绝非容易之事。

写独觉的实质是出新意，作品能自出新意自然也就有了存世的价值。在此仍以何振岱《延晖楼诗草序》所列举的施秉庄的诗句为具体对象，对独觉作深入一层的体会：

每沿冈涉涧，对月披烟，触景成章，不作常语。如《春晚杂兴》云“鸣虫恋春迟，夜声更悠扬”，《晓月》云“缺月同新月，晨霞映愈妍”，《夏夜》云“弦月来何迟，无灯造诗境”，真所谓有会心者。《咏菊》云“秋深诗意好，水际一篱斜”，《风》云“水纹皆风纹，风姿随之妍”，《宿三仰峰》云“可怜春夜气，到枕成寒云”，《雾》云“是烟还是云，触之微于雨”，《石子》云“随波还逐流，累累尽常器。于此见才难，砥砺谁云易”，《暮秋夜起》云“四邻无人声，门掩一畦菜。……秋已伤客心，秋去心更碎”，此皆余所爱诵而弥有味者。

霜天後深夜客袂襲寒氣月明影漸移蛩語來無次
將睡還欲醒起坐靜相對四鄰無人聲門掩一畦菜
前山屹然立搖自弄秋聲秋已傷客心秋去心更碎
向來孤旅夕滴盡思鄉淚

施秉庄《暮秋夜起》诗，何振岱喜其饶有诗味，留下原稿，另抄一份并加圈评后再给施秉庄。

“常语”即众人熟悉之语，“不作常语”即只作众人未作过的独觉之语。这独觉之语从何而来呢，从“触景”中来，从“沿冈涉涧，对月披烟”中来，即从生活阅历中来。但是有阅历也未必就都有独觉，要有独觉，还必须先是一个有心之人，肯观察，能深思，即所谓“有会心者”。

对前人的常语加以翻新或发表不同的看法，其实也是写独觉，同样能够一新读者的耳目。何振岱批点王真《道真室诗》时常提到的常句能新、常意能深的诗作，便是写独觉的另一类例子。

除却烦忙性自灵，恍如沉醉得初醒。小斋夜雨三更后，不打残荷也好听。

（王真《道真室诗·雨夜杂作之二》）

“留得枯荷听雨声”，这是大家熟悉的名句，但至今已觉不新鲜，而王诗能从常句中翻出新意，故而老师批下“常句能新，尤为难得”八字，以示此法可行。

吾友有叶子，持重诚可崇。……气类本相感，勿喻云与龙。二物多变动，往往成离踪。追逐何太劳，东野与韩公。

（王真《道真室诗·寄超农》）

王真联系个人交友的实际，指出韩愈《醉留东野》一诗中云龙之喻不可取，韩孟云龙式交往太劳累，其见解颇为新颖深邃，故何振岱批示：“常意能深，自闻见超越中来，如此聪颖，正非寻常可及。”

在何振岱向学生传授的诸多写诗经验中，有这么一条经验颇为有趣，即为写作诗词而培养性灵，为培养性灵而先焚香静坐，之后创作灵感或清思便会悄悄地如约而至：

> 作诗是自述其美心，心若不美，诗安得美？放翁所谓焚香听雨者，是说其美心耳。
>
> （转引自王真《道真室集·道真室随笔》）
>
> 每日以一二小时焚香静坐，养出自己的性灵。
>
> （同上）
>
> 凡人无有灵气则已。若有灵气之人，太忙太苦，则灵气将渐渐销蚀，久之不觉为外境所化，此甚可惜者也。故每日无论何等忙碌，总须放出一二时，焚香静坐，收召心魂，使之与太虚之清气相接。
>
> （何振岱与叶可羲信札，未刊）

这是要求学生每日安排一二小时的时间焚香静坐，让忙碌的身躯从尘世中解脱出来，让躁动的心灵安静澄澈下来，还我一个本我、真我，然后进入酝酿灵感即培养性灵的状态，为赋诗填词、写字作画做准备。若培养出来的是诗词方面的性灵，则宜赋诗填词，若是字画方面的性灵，则宜写字作画。若培养不出这些方面的性灵来，则不可勉强，因为对文人来说，无论是赋诗词，还是作字画，乃至抚琴，样样都是性灵的流露，因而无一不有待于性灵的培养。对此何振岱多有甘苦之谈："诗词俟天机自到，不可强作"（何振岱与叶可羲信札，未刊），这是说诗；

何振岱与叶可羲信札："焚香静坐，收召心魂。"

“以天机作书，诚非钝人所能解”（《何振岱日记》1926年农历十一月十六日），这是说字；“画入手循矩矱，以后要纯以性灵出之”（转引自王真《道真室集·道真室随笔·觉庐侍谈录》），“画之佳处在一缕性灵与之氤氲”（同前），这是说画；“琴者，雅德之人所以寓心而读书之士自养厥性者也”（同前），这是说琴；“诗字画三事最忌俗，一俗虽千好万好都不算好。何以谓之俗？无灵气而已。灵气是先天带来的，惟慧心人喻之”（何振岱《何振岱集·与刘生蕙愔》），这是兼诗字画三者而统言之。当然，诗字画琴反过来也有益于性灵的颐养和提升：“诗文书画足以养性灵，非流俗人所可冒为之也。世之冒此者多矣，然其志在取悦于人，非求养性。”（何振岱与叶可羲信札，未刊）

培养性灵并非只有焚香静坐一种方式，诸如插花赏花、煮茗品茗，亦无不可。若能置身山水之间无疑更为理想：

> 日对山水，尤可以养灵襟，迓天和，画理诗情，兼而有之，久之必有所得，幸以见寄。
>
> （何振岱与叶可羲信札，未刊）

何振岱那些脍炙人口的杭州西湖诗便是得山水之助的成功例子。但日对山水不是每个人或一个人每一天都能做到的，所以焚香静坐确实不失为一种好办法。

焚香静坐以养性灵之法亦渊源有自，蔡邕的《笔论》中就已提到：

> 夫书，先默坐静思，随意所适，言不出口，气不盈息，沉密神彩，如对至尊，则无不善矣。

刘勰在其《文心雕龙·神思》篇中也提到：

> 陶钧文思，贵在虚静，疏瀹五藏，澡雪精神。

苏轼在《送参寥师》一诗中也有精彩的见解：

> 欲令诗语妙，无厌空与静。静故了群动，空故纳万境。

明人陈献章主张治学也必须从静坐开始：

> 为学须从静坐中养出个端倪来，方有可商量处。
>
> （陈献章《白沙子全集·与贺克恭》）

以上所举皆关乎静与静坐。至于焚香，则陆游的焚香听雨说自是源头：

组绣纷纷炫女工，诗家于此欲途穷。语君白日飞升法，正在焚香听雨中。

（陆游《即事》）

胸怀阮步兵，诗句谢宣城。今夕俱参透，焚香听雨声。

（陆游《春雨》）

清代茶晶小香炉

陆游的这两首诗诗意原本隐晦，今结合何振岱焚香静坐以养性灵之说来理解，便觉显豁多了。

最后再来看看何振岱与他的学生又是怎样焚香静坐以养性灵：

客来无深言，客去惟晏坐。心与碧天通，意欲青云绕。千载当我前，无碍惟大道。古书不尽言，后世苦探讨。宁知一静中，渊然启怀抱。所受不缘施，谓锡非有祷。恆从灵虚生，得岂矫幻造？焚檀赏静怡，晴霄盼去鸟。

（《何振岱集·清坐》）

从“古书不尽言，后世苦探讨。宁知一静中，渊然启怀抱”这四句诗可以悟出这样的道理，即陶渊明所说的读书“每有会

清末锡制香薰

意，便欣然忘食”的境界，原来也可以是通过静坐获得的。

睡鸭金炉火半温，烟丝袅处是诗魂。和风吹入遥天去，不辨云痕与篆痕。

（叶可羲《竹韵轩集·焚香》）

诗魂就在这炉烟一丝袅中，可谓神奇。焚香静坐以养性灵，为创作诗书画做准备，有心的读者不妨一试。

在诗歌写作方面，何振岱对学生的两个强调亦值得一提。一是强调“少用赋体，多比兴体”，他撰有《不学博依不能安诗论》（《何振岱集》）一文，专论广求譬喻的重要性，不满以文为诗、以议论为诗的风气。一是强调古体诗声调不可忽视：“五七古皆有音调，有一定不可失叶之平仄，赵秋容之《声调谱》可检取参用。”（转引自王真《道真室集·道真室随笔》）

“诗文必须苦心细改，不可提笔即成，即成无深味也。”（《何振岱集·与刘生蕙愔》）为了让学生学会自己改诗，老师必须先代改，并改给学生看。于是为学生改诗成了何振岱授徒的重头戏。当年学生中有位叫邵挺的，尝致书老师何振岱，书中先是感谢老师对其诗作所做的修改使他受益匪浅，接着推求老师修改学生诗作的一片苦心。叶可羲见此书后认为邵书道出了她想道而未道的话，于是摘而录之于《竹韵轩笔记》内：

先生之于后进也，导之使前，夸之使奋，句拙取其意，义浅采其词，启其兴会，略其小疵，一片盛心，至仁且慈。挺言由衷，敢事谀辞？但观掷还诗稿，删削至当，不轻去取，可以知也。夫作者较易，而改之至难。先生斧削之时委曲求全之意，均可于改句中寻绎之。

（叶可羲《竹韵轩集·竹韵轩笔记七则》）

何振岱为学生批改习作有当面批改与背后批改两种方式，以上邵书所述及的是背后批改，而当面批改应是学生之最爱。只要手上没事，何振岱总是接了学生习作当面就批改。据叶可羲回忆，老师每见学生带着诗作而来，已然欢喜在心，再看到诗中有一二佳句，更是喜上眉梢，随即提笔濡毫，又是点又是圈，边批改边解释，学生则侍立一旁聆听，俨如受哺之雏鸦。倘若此时师有玄言而生能诠释，则尤令老师欣慰莫比，于是谈锋愈出愈健，出经入史，跨千年，逾万里，带上学生，与陶谢李杜苏陆诸人游矣。待一席话了，四顾虫鸟无声，但闻炉篆瓶卉之馨香。

为学生细心批改习作并详加解说，好让学生既知其然又知其所以然，这不是每一位老师都愿意做或都能做到的。据王真回忆，石遗老人就很少给学生改诗。当年何振岱客居北平，末代帝师陈宝琛让自己的两个孙子陈絃、陈绂兄弟拜在何振岱门下学习诗文，除了何氏学问好，恐怕还出于他能细心批改学生习作的原因吧。

以下笔者从何振岱批改过的王真不同时期的诗稿中，各举出一些有代表性的例子，以尝鼎一脔，略知其味。

王真写于早年（1925 年春）的绝句《乙丑三月廿四日得枚丈石屋山见忆二绝即步韵作此》："晨窗展句惊幽绝，无限诗心唤尽回。却向湖山寻旧迹，春风恐并旧愁来。"何振岱改第二句之"唤尽回"为"唤欲回"，第三句之"寻旧迹"为"寻往迹"，第四句之"春风"为"新春"。改后全诗为："晨窗展句惊幽绝，无限诗心唤欲回。却向湖山寻往迹，新春恐并旧愁来。"琢磨其所以这样改的原因，估计是"尽"字生硬，且把话说得绝对化了，不如"欲"字委婉；"旧迹"之"旧"与下一句"旧愁"之"旧"犯重，这犯了绝句的大忌；"新春"与"旧愁"构成对比，加强了抒情效果，无疑较"春风"要好。点铁成金，这是很典型的例子。

何振岱批改王真 1951 年上呈的《道真室诗》，显然已以批为主而很少改了。所下批语，也多语重心长，以鼓励与期望为主。如他不厌其烦屡屡赞美王诗对唐音的坚守："字字唐音"（批《归途》），"直入唐贤之境"（批《雨中杂作》），"如出唐人之手”(批《夜吟》)，“两篇高雅，径入盛唐人之室”（批《拟古别离》)，“字字入唐贤之室”(批《小酌》)，旨在鼓励学生对这种坚守的执着。又如通过肯定王诗对诗题的加工，以期引起学生对诗题的重视：“工于制题”(批《雨后海棠无恙》)，“题佳”(批《予所居楼，日对屶崱峰，秋来屡言游，未果》)。前者改易安词句而得，无疑高雅。后者以层进的写法制作诗题，让作者对屶崱峰的向往之情跃然题上，确实下了一番功夫，而“屡”字尤妙。

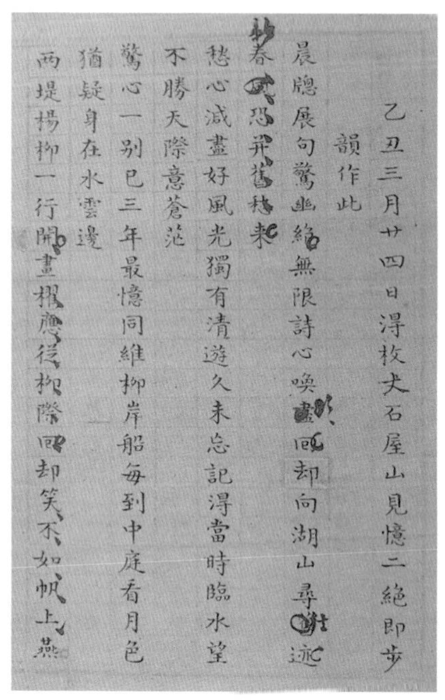
乙丑三月廿四日淂枚丈石屋山見憶二絶即步
韻作此
晨䆫展句驚幽絶無限詩心喚[illegible]回却向湖山尋[illegible]迹
妙 春[illegible]恐非舊愁來
愁心減盡好風光獨有清遊久未忘記淂當時臨水望
不勝天際意蒼茫
驚心一别已三年最憶同維柳岸船每到中庭看月色
猶疑身在水雲邊
兩堤楊柳一行開畫檝應從柳際回却笑不如帆上燕

何振岱批改王真早年的诗稿。

再举一个何振岱批点叶可羲诗作的例子。叶可羲写于1944年冬的绝句《冬晓》:“消闲自供一炉香,位置瓶梅洲橘旁。那是湘帘慵未卷?晓风犹带夜来霜。”何振岱眉批道:“绝句宜若仙露明珠,轻匀无迹,此篇似之。”批语启迪学生绝句宜取径于盛唐诗歌中神韵一路,讲求境界清远,又出语自然,不露雕琢痕迹。“仙露明珠,轻匀无迹”之喻脱胎于严羽的“羚羊挂角,无迹可求”,但严喻晦涩费解,何喻则浅显生动。

至于何振岱给学生当面批改诗作时所作的即兴解说,王真曾将其所听到的记之于《觉庐侍谈录》以及《梅师读书举要》《梅师教学笔记》中,虽然这三篇文章所记只是片鳞只爪,但也弥足珍贵,试举其中谈白居易诗歌一则以见一斑:

> 今人论诗,多不言白乐天,且有元轻白俗之讥,虽姚惜抱不免,皆非知白诗者也。夫为诗,专看诗心如何。白诗诗心极佳,其起居饮食,一语一默,一动一静,凡天地之景光,万物之变态,莫不追而写之。其于人情物理,绝为切近,他家诗多不免装饰,唯香山一老,将心肝揭出,与天下后世相见。不得此意,任汝穷极功夫,必无入道之日。且学古人之诗,学古人之心也,非学其言语也,不学其心而徒辨之于言语,是天下至无识之人也。
>
> (王真《道真室随笔·梅师教学笔记》)

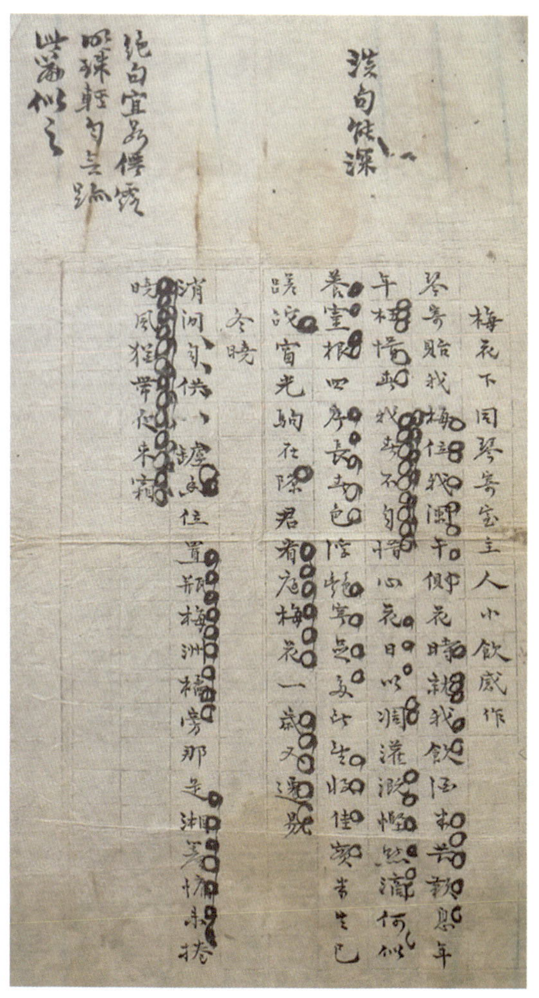

何振岱为叶可羲批改诗稿。

《刘何二女子诗课合印》

何振岱还建议他的学生将诗作请教于其他前辈诗人，希望能由此收到转益多师的好处，避免学生“蔽于吾言，无由推以广也”（何振岱《〈刘何二女子诗课合印〉序》，民国刊本）。1935 年，他让刘蘅、何曦二人各抄数十首诗作，仍由老师出面，邀请许承尧先生评点，许承尧欣然答应，随后为二人诗课作详尽的评点。

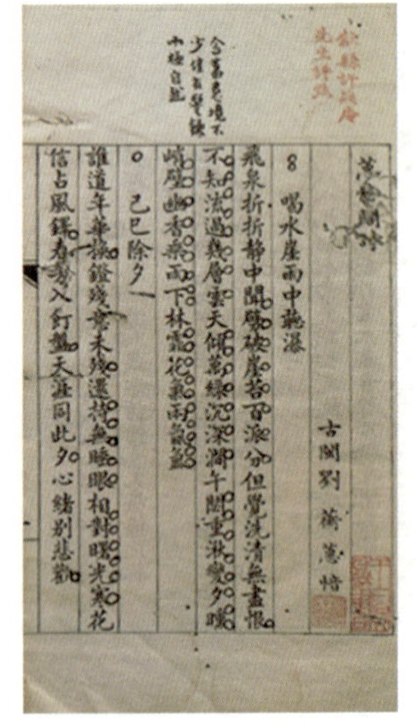

由许承尧评点的《蕙愔阁诗》

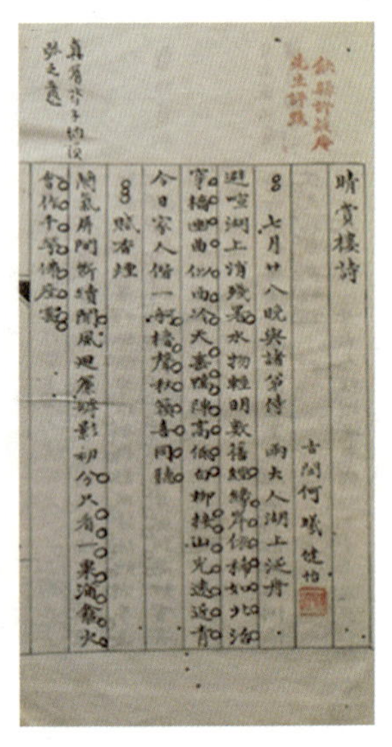

由许承尧评点的《晴赏楼诗》

1939 年，王真也以其《道真室诗》求教于冒广生、夏敬观二位前辈，并得到他们的指导：

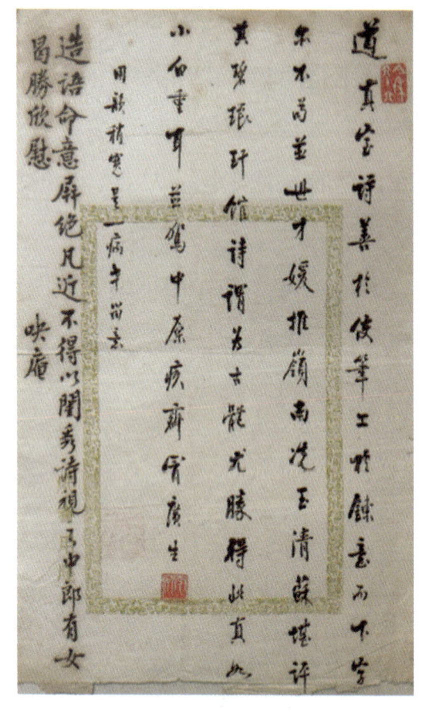
道真室詩善於使筆工於鍊意而下字亦不苟並世才媛推嶺南冼玉清蘇堪評其碧琅玕館詩謂為古體尤勝得此真如小白重耳並駕中原疚齋冒廣生

用韻稍寬是一病幸留意

造語命意屏絕凡近不得以閨秀詩視之中郎有女曷勝欣慰

吷庵

冒广生、夏敬观为王真《道真室诗》作题跋。

> 《道真室诗》善于使笔，工于炼意，而下字亦不苟。并世才媛，推岭南冼玉清，苏堪评其《碧琅玕馆诗》，谓为古体尤胜。得此真如小白、重耳，并驾中原。
>
> 用韵稍宽，是一病，幸留意。疚斋冒广生
>
> 造语命意，屏绝凡近，不得以闺秀诗视之。中郎有女，曷胜欣慰！吷庵

有了老师的一路指引，加上学生的辛勤耕耘，终于迎来收获的喜悦。1935 年冬，经许承尧评点的《刘何二女子诗课合印》在北平付印，林宰平为之题写书名，何振岱为之作序并题

赙。接着，众才女各自的诗作也先后抄写结集。1948 年，刘蘅的《蕙愔阁集》由商务印书馆出版，书中收入陈宝琛、许承尧、陈曾寿以及何振岱等诗坛名流先后为刘诗作的序跋，还有李宣龚的题赙，这既见前辈对后生的厚爱，也可见刘诗造诣之非同一般。

1987 年，华钟彦主编《五四以来诗词选》一书，其中女性作者凡二十六人，寿香社才女入选者七人，占四分之一强，由此可见她们在 20 世纪中国旧诗坛的重要地位。

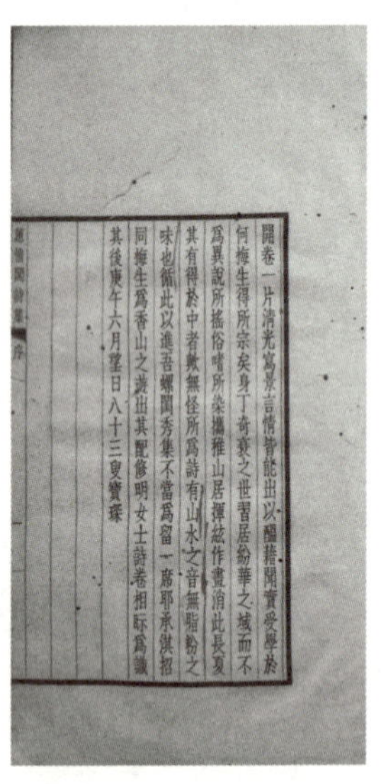

開卷一片清光寫景言情皆能出以醞藉閨賣受學於何梅生得所宗矣身丁奇衺之世習居紛華之域而不爲異說所搖俗嗜所染攜稚山居彈絃作畫消此長夏其有得於中者歟無怪所爲詩有山水之音無脂粉之味也儕此以進吾螺闔秀集不當爲留一席耶承淇招同梅生爲香山之遊出其配修明女士詩卷相眎爲識其後庚午六月望日八十三叟寶琛

蕙愔閣詩集 序

民国年间刊行的《蕙愔阁集》，陈宝琛为之作序，李宣龚为之题赙。

附录一：寿香社才女诗作选评

自入秋来百务忙，试将诗句诉离肠。每逢花事情难已，欲寄闲愁路恨长。忽诵清吟疑入梦，恍如苦热得新凉。人生到处缘堪续，三径还期再举觞。

（王德愔《和坚庐》）

陈衍：饶有真意，第六句尤隽。（《石遗室诗话》）

惯是身闲睡起迟，帘风欲动梦来时。怜渠千里相寻意，宝鼎添香更下帷。

（刘蘅《晓梦》）

许承尧：如此说梦，得未曾有。（《蕙愔阁集》）

老松如健人，矫矫向天际。万株不肯同，虬龙各气势。长风忽然来，涛飞一鸟逝。有客动微吟，清凉曳衣袂。爱此万松湾，再游如隔世。旧意入苍茫，欲追果何计。

（何曦《万松湾》）

许承尧：起奇警。近游黄山观松，知"万株不肯同"之言极信。（《刘何二女子诗课合印》）

纷纷落叶满阶前，太息人间节序迁。残菊经秋犹顾影，冷枫虽老不知年。长空万里横凄碧，远水千波幂淡烟。莫为笳声生客恨，放教乡梦夜来圆。

（薛念娟《晚秋即景》）

何振岱：初习为诗有此，所造不可量，为之喜慰。（《何振岱日记》1940年农历十一月初九日）

月淡云凄风似虎，漫漫长夜天难曙。但教唤醒梦中人，不惜一鸣就刀俎。

（张苏铮《题鸣鸡图》）

此诗入选华钟彦主编《五四以来诗词选》。

霜天复深夜，客袂袭寒气。月明影渐移，蛩语来无次。将睡还欲醒，起坐静相对。四邻无人声，门掩一畦菜。前山屹然立，犹自弄秋翠。秋已伤客心，秋去心更碎。向来孤旅夕，滴尽思乡泪。

（施秉庄《暮秋夜起》）

何振岱：诗心诗格，皆入古人之室。（见本节何振岱抄批施诗的手迹）

衫痕尚染旧香醪，别后月圆知几遭。觅梦无凭犹恋枕，剪愁可断定非刀。便除妄想何曾悟，能鲜真禅岂肯逃。长此操觚消白日，浮生应笑是徒劳。

（叶可羲《书感》）

陈兼与：幽怀孤赏，无物可偶。（《兼于阁诗话》）

抱枝饮露自甘心，不为风多减却吟。犹恐晨朝搀俗韵，满林唱彻五更深。

（王真《蝉》）

陈衍：全首从义山诗翻出。“自甘心”三字，用和靖语，身份恰合。第二句又所谓“不惜十指弦，为君千万弹”也。（《石遗室诗话》）

朔风起天末，寒重雪花飞。挟纩仍不暖，偎炉掩重扉。终日无一事，所亲书与诗。诗书有深味，义理为吾师。览古发深省，富贵多祸机。即或及身免，殃为子孙贻。刘季不称帝，应无人彘悲。曹瞒无王业，何至儿杀儿。李斯思黄犬，渊明醉东篱。二者以相较，得失谁不知。奈何世俗人，徒欲逞其私。追逐权利间。争夺无已时。

（洪璞《读史有感》）

此诗入选华钟彦主编《五四以来诗词选》。

黯淡春江日欲沉，高楼西角独登临。青山回绕闽州地，不断天涯万里心。

（王闲《登楼》）

陈衍：倔强可喜。李赞皇之“独上高楼”，不免日暮途远矣。（《石遗室诗话》）

附录二：旧时文人书房长物——诗筒

清末民初漆刻书画大号诗筒，扁圆形，可手提肩背，可悬挂，可置于几案之上。上件诗筒正面刻芭蕉群鸡图，背面刻行草书七律一首，上下包铜，高约 44 公分，宽约 8 公分，厚 3 公分；下件诗筒正面刻竹报平安图，背面刻隶书七言联一对，高约 38 公分，宽 6 公分，厚约 3 公分。

大号诗筒供存放个人在一年或数年之间创作的作品的未刊稿，清查慎行《诗筒为损持赋》“为君满贮诗千首”，可证。也可供雅集时存放收集起来的众诗友的诗稿。

清末民初漆制中号诗筒，上面的洒金山水画已剥落，只隐约可见一二。该诗筒高 14.5 公分，直径 3 公分。

清代竹刻园林人物小号诗筒。该诗筒高 9.5 公分，直径 1.8 公分。(图片见浙江省博物馆编《竹韵》一书，文物出版社 2011 年版)

中、小号诗筒供存放少量的诗稿，其本身精致的工艺也可供把玩。中、小号诗筒还用于同城之内传递诗笺，清黄任《十砚轩随笔》:“或遣小婢送诗筒，无不立酬者。”

可以佩带的诗筒。“诗筒，身边所佩之物，以待偶成之句，草录暂收之，供归至窗前，不致有亡也。或茜牙成，或琢香屑，或以绫素为之，不一。”(见《戚蓼生序本石头记》第二十二回夹注)左件清末民初木制方形诗筒，筒身正面刻兰花，背面刻李白诗句“双悬日月照乾坤”。该筒高 13.5 公分，宽 4.8 公分，厚 1.7 公分。右件清末民初铜制诗筒，上刻山水亭台人物，高 12 公分，直径 1.8 公分。

二、词课：涵泳警句　换骨夺胎

考虑到“女子之有慧心者，于诸体文字中学词最近”（《何振岱集·竹韵轩词序》）这一因素，何振岱对其门下的女弟子，在打牢诗文基础之后，便着意培养她们的填词功夫。

何振岱为学生开出的学词必读之书有：《花间集》《绝妙好词笺》《宋七家词选》以及姜夔、张炎、史达祖、周邦彦、苏轼、辛弃疾等人的词集。何振岱心仪姜白石、张玉田，推崇二人或清刚、或清空的词风，所以于以上诸家中特别强调的是姜、张。此外，他还向学生再三推荐元人陆辅之的《词旨》，这部书专门收集词中属对、警句、词眼以及常用虚字等，颇便于初学者。

何振岱为学生揭示的读词填词的门径是：沉潜于老师所开列的诸书中，涵泳其中之名篇警句，如参禅一般，所得必深，参到极处，便有真境界，最后再将这真境界通过寓情于景、景中见情的手法表达出来。

取《宋七家词（选）》及《绝妙好词（笺）》，自选数十首模仿之。

（何振岱与叶可羲信札，未刊）

取《绝妙好词（笺）》中《词旨》警句，时时涵泳之，如参禅一般，所得必深。词中警句，虽古人不能多，参到极处，便有真境界。

（同上）

词之为道，以寓情于景为最上乘。……寓情于景，乃为深至，《词旨》警句，写景者居十之七八。

（同上）

作词第一是景中见情，多读便知。《词旨》警句，多读数十句，时时参证，定有心得。

（转引自王真《道真室集·道真室随笔》）

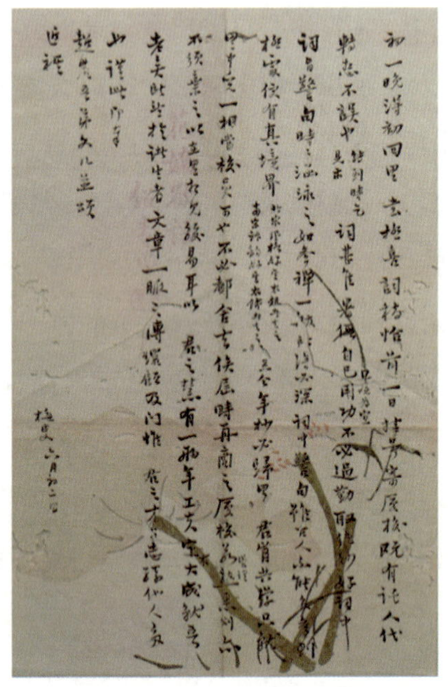

何振岱与叶可羲信札：“取《绝妙好词（笺）》中《词旨》警句，时时涵泳之，如参禅一般，所得必深。”

这一门径理论上源于严羽《沧浪诗话》之参禅妙悟说，所谓“参到极处，便有真境界”即是妙悟，因为读词填词过程中产生的认知上的飞跃，犹如参禅过程中对佛教教义的领悟。而在实践中该门径则借鉴了黄庭坚提出的诗歌创作的换骨夺胎法：“不易其意而造其语，谓之换骨法。规摹其意而形容之，谓之夺胎法。”（宋惠洪《冷斋夜话》）二法是模仿的极致，而模仿是初学者的不二法门，因其容易出成果，有助于提升初学者的写作信心。

如叶可羲的《鹊桥仙·听雨》：

芭蕉池馆，杏花楼阁，云压帘栊渐黑。愁边兀坐易黄昏，数不尽檐声闲滴。　　画梁燕语，绮窗人怨，一样关心谁识。荼蘼开到可怜春，况洗尽胭脂颜色。

这首词以写景为主，寓情于景，抒发词人伤春惜春之情。词的末两句为可圈可点之佳句，其立意则脱胎于张炎的《高阳台·送春》“东风且伴蔷薇住，到蔷薇，春已堪怜”与苏轼的《蝶恋花》“花褪残红青杏小”，以及王淇《春暮游小园》的“开到荼蘼花事了，丝丝天棘出莓墙”与陈与义《春寒》的“海棠不惜胭脂色，独立濛濛细雨中”，可谓极“规摹其意而形容之”的能事。而写法上又受欧阳修的《踏莎行》“平芜尽处是春山，行人更在春山外”的启发，欧词：辽阔原野的尽头是春山，或许还望得见它模糊的轮廓，无奈的是行人更远在那春山之外——肯定是望不着了！叶词：荼蘼甫一开花，春天便已所剩无多，煞是可怜，而如今荼蘼又被三月暮的横雨冲刷得七零八落、颜色惨白——春天无疑已远去了！沈祥龙《论词随笔》云：“词贵愈转愈深，稼轩云：‘是他春带愁来，春归何处，却不解带将愁去。’玉田云：‘东风且伴蔷薇住，到蔷薇，春已堪怜。’下句即从上句转出，而意更深远。”以上欧词《踏莎行》和叶词《鹊桥仙》，用的都是“愈转愈深”的写法，但“下句即从上句转出，而意更深远”的特色似更突出。

“荼蘼词女”章

叶可羲此词入选《闽词征》，林庚白谓末两句“持较《漱玉》《断肠》二集，差无愧色”（林庚白《丽白楼遗集》）。叶可羲有一方“荼蘼词女”图章，想是为此词而刻。集众美于一身，或是“荼蘼开到可怜春，况洗尽胭脂颜色”一鸣惊人的原因。何振岱在与叶可羲信札中提到“每一家皆有其造微之处，吾皆取而融冶之，此亦齐王鸡跖之意也”，说的正是博采众长为我所用这个道理。

叶词尚有佳句如“芭蕉心绪，不风雨也丝丝碎”（《祝英台近·怀浣桐》），从吴文英《唐多令》“纵芭蕉不雨也飕飕”中悟来。将与自己深有同感的前人名句拿来加以改写，保留原意不变，用的正是“不易其意而造其语”的换骨法。如果原作立意确佳，那么保留原意不变的改写，其成功的概率也极大。此外，诗不宜说尽，词则不妨说尽，“芭蕉心绪，不风雨也丝丝碎”正体现了词不妨说尽的特色。

又如刘蘅的《蝶恋花·送秋》，入选《闽词征》和《广箧中词》：

帘幕新寒笼薄雾，怕检吴棉，镇日烘兰炷。篱菊欲留秋小住，霜风不肯容庭树。　　秋去应知何处去，啼雁声中，黯黯云边路。无限芦花江水暮，愁多莫向衡阳度。

该词也是以写景为主，景中寓悲秋之情。其中“霜风不肯容庭树”一句，当有感于晏殊的《蝶恋花》“昨夜西风凋碧树”，此为“不易其意而造其语”。而“秋去应知何处去，啼雁声中，黯黯云边路”，持较清末福州女词人李樨清的《蝶恋花》“一夕凉飙辞旧暑，飒飒墙蕉，应是秋来路”，虽然一写秋来，一写秋去，但无论立意还是写法，都有相似之处：即通过听觉，捕捉最有象征意义的景物以刻画秋天的行踪。因此刘词“规摹其意而形容之”的痕迹尤为清晰。李樨清《蝶恋花》词一出现，当时就广为传诵，有“李墙蕉”之誉，刘词受其影响，应在情理之中。

叶可羲的《鹊桥仙·听雨》一词填于1928年，距其从师何振岱不到三年，刘蘅的《蝶恋花·送秋》一词填于1930年，距其负笈何门刚满一年，看来换骨夺胎法对初学者来说确实是早出成果的不二法门。

词坛换骨夺胎现象自古皆有，如欧阳修《踏莎行》之“离愁渐远渐无穷，迢迢不断如春水”，显然受李煜《虞美人》之“问君能有几多愁，恰似一江春水向东流”的启发，要说欧词窥入李词之意而形容之，似乎亦无不可。虽然词论家们也曾标举“要立新意。若用前人诗词意为之，则蹈袭无足奇者，须自作不经人道语”（杨缵《作词五要》）；“词以意趣为主，要不蹈袭前人语意”（张炎《词源》）。但古今读者皆不以涉嫌蹈袭而废欧词。笔者以为，换骨夺胎二法对于新手来说，意味着由模仿而出成果，对于老手来说，则意味着由继承而求创新，因此二法可谓是诗词创作的两条捷径。华钟彦对这一现象也颇关注，他在《花间集注·前言》中写道：“如牛希济《生查子》‘记得绿罗裙，处处怜芳草’，周邦彦《菩萨蛮》则云‘深院卷帘看，应怜江上寒’。魏承班《生查子》‘难话此时心，梁燕双来去’，晏几道《临江仙》则云‘落花人独立，微雨燕双飞’。尹鹗《菩萨蛮》‘上马出门时，金鞭莫与伊’，柳永《定风波》则云‘悔当初不把雕鞍锁’。其来龙去脉、继承发展的关系是一清二楚的。”华钟彦也是以继承发展的关系来解释该现象的。

本节谈论才女们功课中的词课，《寿香社词抄》一书理所当然地成为重点话题。1937 年，重结后的寿香社开始其社集活动。何振岱与众才女约定：在继续学好诗的同时，将读词填词列入日课；而对于填词，务必以己题为主，社题为辅，因为“社题仅斗才藻，己题可抒性情”（何振岱与叶可羲信札，未刊）；如此用上五年的时间，届时汇录各人的作品成集付梓。才女们攀李（清照）揖朱（淑真）的词人梦从此揭开序幕。于是，柳风院落，荷雨池塘，鼓山之巅，西湖之畔，是几番云思霞想，是几番剪水裁风。吟落西日，燃脂还填《甘州》《南浦》；梦回东窗，对月犹诵白石玉田，一个个简直都成了词癫。如此五年下来，到了 1942 年春，才女们都词囊沉甸甸的，向老师交上了作业。

暑期郊游，摄于 1930 年代。左起：施秉庄、叶可羲、杨文音。

鼓山听松，摄于1930年代后期。左起：王真、叶可羲、张苏铮、施秉庄、刘蘅。

湖上探梅，作于 1937 年冬。何振岱此画乃借厉鹗诗句“摇摇四诗人，漾入梅花烟”，写叶可羲约张苏铮、施秉庄二友，携甥女杨文音西湖探梅一事。

叶可羲收藏的“词颠”一章

何振岱从才女们各自的词集中细细挑选满意的作品，再加以修改润色，成《寿香社词抄》一书底稿。该书稿收词结果为：王德愔琴寄室词三十五阕，刘蘅蕙愔阁词九十三阕，何曦晴赏楼词三十七阕，薛念娟小嬾真室词十二阕，张苏铮浣桐书室词三十六阕，施秉庄延晖楼词二十阕，叶可羲竹韵轩词八十九阕，王真道真室词四十阕，凡三百六十二阕。何振岱又为该书稿撰写小引，题写书名，于当年农历九月付梓。同年十二月，《寿香社词抄》问世。

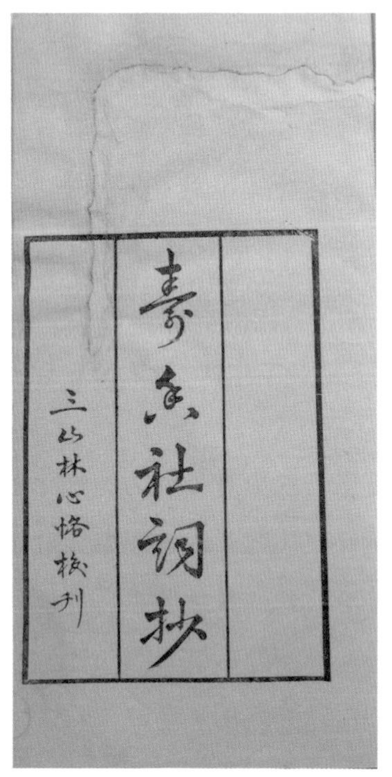

壽香社詞抄

三山林心恪校刊

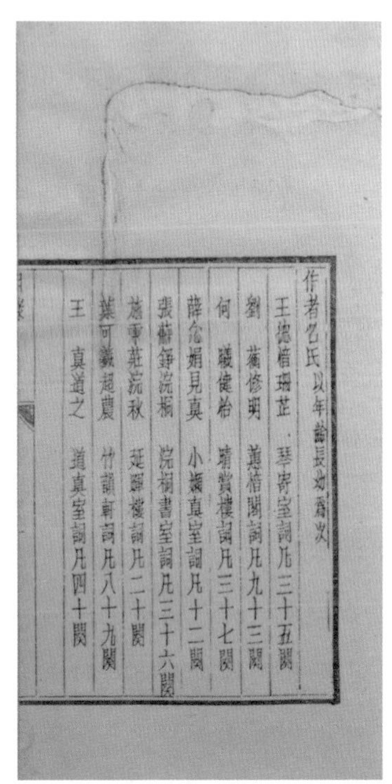

作者名氏以年齡長幼爲次

王德楷瑚芷　琴寄室詞凡三十五闋

劉　蘅修明　蕙愔閣詞凡九十三闋

何　曦健怡　晴賞樓詞凡三十七闋

薛念娟見真　小黛真室詞凡十二闋

張蘇錚浣桐　浣桐書室詞凡三十六闋

施秉莊浣秋　延暉樓詞凡二十闋

葉可羲超農　竹韻軒詞凡八十九闋

王　真道之　道真室詞凡四十闋

《寿香社词抄》扉页及总目

综观《寿香社词抄》一书，其题材不外社题与己题两种。社题即寿香社命题作业，一般在题目中都有交代，如《新寒》《初阳》《酒醒见月》《荷花池上》等，凡十一题二十六阕。此类社题既给题目，又给词牌，但不限韵。还有未标为社题但也属于社题范畴的，如《梅叟师有虫伤盆兰、既而复花之作，诸友多奉和，余亦赋此》《题岚屏师母临宋帖幛子》《游方广岩》《题新竹韵轩》，凡四题十九阕。此类准社题只给题目，不给词牌，也不限韵，当然其中的那阕奉和之作例外，它既同题，又同词牌，还同韵脚。以上两类相加共四十五阕，约占全书百分之十三的篇幅，而己题则占了百分之八十七的篇幅。

对一般读者来说，社题也许要比己题更有吸引力。这除了社题本身斗才藻的特点让人感兴趣外，社题背后的故事无疑更让人好奇。社题背后的故事含社方对社题的具体要求，完成社题的整个过程都有哪些环节。带着这些问题，笔者当年详细咨询了叶可羲老人。老人家的回忆是这样的：从老师兼主持人公布社题之日算起，完成一道社题需要经历两次的社集，历时约两个月。社题公布约一个月后的第一次社集，全体与集的社友向主持人呈交社题作品。约再过一个月后的第二次社集，主持人下发批改后的社题作品。这两次社集主持人都安排了吟诵，目的是借助吟诵提升众社友的品鉴和创作水平。其具体情形如下：

第一次社集之时，全部作品由所有社友依次吟诵一遍。如果呈交的作品有八篇，每篇作品先由作者本人吟诵一遍，再由其他七位社友各吟诵一遍，凡八遍。如此则八篇作品共有六十四遍的吟诵，仔细算来，每人口吟八遍，耳听五十六遍，这意味着更多的时间是在听。通过口吟耳听所有的作品，彼此比较一番，每个人都会发现别人写得好、值得学习的地方，也会发现自己的不足之处，当然，不可否认还会发现自己的某一佳句确实胜人一筹。吟诵结束之后可以修改作品，可以彼此私下交流，社集结束前将作品呈交给主持人。整个吟诵过程老师都一旁静坐，侧耳细听，不作评论。

第二次社集下发老师批改后的作品，仍按此前的做法，由社友依次吟诵所有的作品，依旧是六十四遍。这样既吟且听，可以细细琢磨老师批改的苦心，可以回忆对照一个月前自己对八篇作品的看法，每个人无疑都从中得到不少的启发，受益良多。

一部《寿香社词抄》，倾注了老师何振岱多少的汗水和心血，“慰予发白，见此汗青”（《何振岱集·寿香社词抄小引》）这八个字字字千钧。为报答师恩与友情，1943 年元宵节，众才女设宴款待师友，以下是当年她们为报恩宴草拟的请札：

驭工匠如履榛荆，其劳实甚；报精神必具酒脯，自古皆然。迩者词集告成，装潢备善。苦心删翼，既沐师恩；鼎力匡襄，复资友道。谨借烧灯佳节，聊伸献酹微忱。初祖青莲，名家漱玉，亦荐寒渫，并爇瓣香。敬邀文从惠临，毋哂蔬筵不腆。

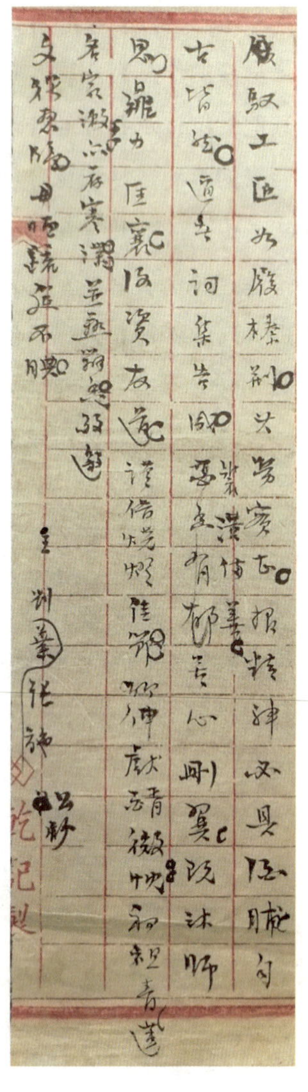

报恩宴请札的底稿

附录一：何振岱与学生信札中的论词文字（未刊）

何振岱与学生的一些未刊信札中，有不少论词的文字，这些文字体现了何振岱的词学思想，可视作何氏函授词学的讲义，特录于此，以供参考。

（一）何振岱与叶可羲信札中的论词文字

吾弟于词学已有心得。暑假可取《宋七家词选》及《绝妙好词》，自选数十首摹仿之。辛稼轩固是大家，不免有过于粗豪处。此事以雅为宗，以深窈为体，上之当取源于《风》《骚》，不在词中求之也。

词之小令，当以《花间集》为准，犹诗之有兴体也。辛幼安等间以赋笔为之，非正宗也。长调可参以苏、辛，以见笔力，小令则但谨守婉约之旨为是。吾弟词才极好，如"惯须羸姊"，"姊"字韵，妙入神品。昔人评李易安词"怎生得黑"字字绝唱，盖以其自然也。又如《感皇恩》之首三句，有如拈花悟证，字字禅机。因又到南溟，乃觉在里时光之易过，今见此灯火窗光，又是从前光景，数语若断仍连，极见心思，此岂粗心人所能领略乎？

词家能为山水词者，厥唯姜、张。姜、张之高出诸家亦以此。学北宋词，取其俊爽，去其粗俚。小令则不出《花间》范围。宋词以李易安为最难到。清女子词则以庄槃珠为绝唱，徐湘蘋、关锳次之。李与庄皆纯乎天机，无容著力处，故足贵耳。

词之为道，镜花水月，若参禅焉，微妙极处，《风》《骚》

同源。君词才词心，俱属最上乘，再参再证，必成名家，为吾州生色吾闽数十年闺秀无名家之词，是所厚望。《绝妙好词笺》中有《词旨》警句，多精微者，取而熟思之，如“灯花结，片时春梦，江南天阔”，“海棠阴下，子规声里，立尽黄昏”，“花影吹笙，满地淡黄月”，“只有两行低雁，知人倚，画楼月”，“寒光亭下水连天，飞起沙鸥一片”，“今宵酒醒何处，杨柳岸，晓风残月”，“云引吟情闲远”。张玉田之“花气烘人尚暖，珠光出海犹寒”，全首皆绝唱。如是等类，善择之，能辨之，第一等人不作第二等语，则与经史同等矣，绮语云乎哉？李白、李重光、

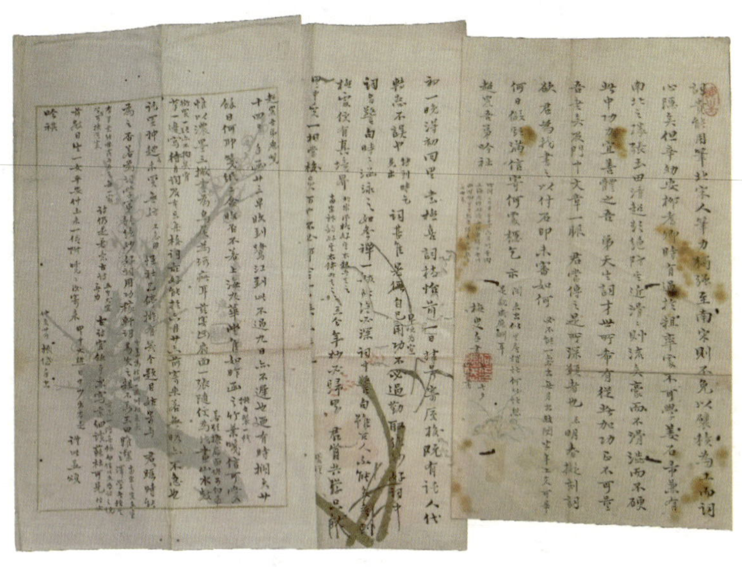

何振岱与叶可羲论词信札（一）

李漱玉，仙之仙矣。以下若姜白石、张玉田，亦仙人之流也。其余节取之，每一家皆有其造微之处，吾皆取而融冶之，此亦齐王鸡跖之意也。

词贵能用笔。北宋人笔力独强，至南宋则不免以餖积为工，而词心隐矣。但辛幼安、柳耆卿时有过于粗率处，不可学。姜石帚兼有南北之胜。张玉田清超欲绝，防其近滑，滑则流矣。豪而不滑，涩而不硬，此中功力，宜善体之。

取《绝妙好词笺》中《词旨》警句，时时涵泳之，所得必深。词中警句，虽古人不能多。参到极处，便有真境界。北宋

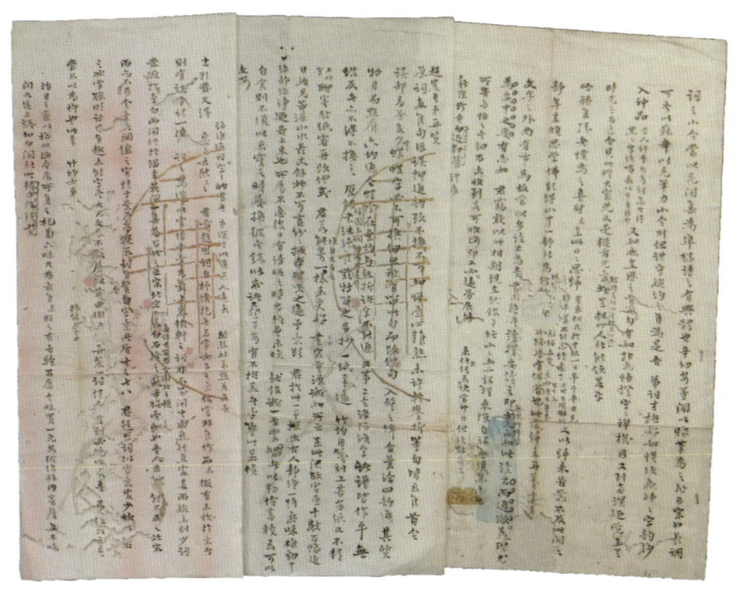

何振岱与叶可羲论词信札（二）

风格好，其太粗者去之。南宋神韵好，其太饰者去之。以君之慧，有一两年工夫，定有大成就。

若为词学，第就《绝妙好词》用功。稼轩词易失之粗，其失也为龙洲一派，则非是矣。不若玉田雅洁。南宋之失在涂泽，学者拣其有笔意能发露者为之，每一家皆有可拣选处。

词之为道，以寓情于景为最上乘。稼轩之词非不别开生面，然径直处多而婉至则少。词发源于李白，而开径于温、李，《花间》一集为百代之正宗。北宋之美，白石擅之，苏、辛犹旁轨也。吾人为词，不能不求之北宋，而亦不可全弃《花间》。总之，寓情于景，乃为深至，《词旨》警句，写景者居十之七八。姜词于宋，为合南北之枢。勿贪学稼轩，只以姜、张、史、周为主，苏、辛为辅。

词以雅洁而含微渺之思为佳。

（二）何振岱与刘蘅信札中的论词文字

须知长调词虽然费功夫多，倒是易好。短调词易成，最是难好。姜白石、周美成、张玉田诸大家，所流传者多是长调，而短调至少。我辈无李白、温庭筠、晏同叔等之才，每涉笔作短调词，固然顺手，定无深诣。

附录二：陈兼与《闽词谈屑》一文选评诸才女词作

重门掩树，朱槛凭花，带垂檐浓绿。凉云一片低窣处，曾听玉奴歌曲。摇曳湘魂，算解慰词人幽独。最可怜，入夜尖风，护得纱窗红烛。　　几番燕子归迟，只枯坐无言，衣单寒褥。银钩漫上，有微月初挂，小楼西角。欲眠未忍，恁愁思如波难掬。怕梦见，千里来寻，隔断怎生重续。

（王德愔《瑶华·帘》）

陈兼与：学漱玉，得其神似。

华屋悬珠不夜，朱楼散绮如烟。贫家积雨长苔钱，买断盈阶花片。　　好鸟娇春啼涩，暮钟抱佛声圆。重山分绿到窗前，润遍黄昏庭院。

（刘蘅《西江月》）

陈兼与：好语如珠，女词人尤宜于小令，即长调亦多以小令之法为之。

愿铲妖氛消众魅，至刚原属多情。人间悍怯苦相凌。好凭三尺，万恨为君平。　　记昔秋霜飞夜月，寒锋照胆晶莹。剑光人影两分明。云山千叠，来往一身轻。

（何曦《临江仙·剑意》）

陈兼与：道心侠骨，足为天下女子一洗脂粉香泽之气。“至刚原属多情”，语尤见性。

窗光向晚如初晓，浓阴欲还晴昊。卷幔添衣，挑灯展卷，时有和风吹到。沉烟树杪，搁暝色千层，飞起栖鸟。伫立空阶，桂蟾新月一钩小。　　身闲那愁趣少。绕堤寻旧迹，郁绪凄渺。古堞寒鸦，荒村暮霭，客里怎堪凭眺。离肠断了，是只合商量，梦中欢笑。此日春迟，远怀应更悄。

（薛念娟《齐天乐·客感》）

廿年不过台城路，江潭柳俱人老。荒堞屯旗，高陵吹角，又是一番斜照。秦淮放棹，漾几曲蘋波，岸湾迷蓼。近水栏杆，旧时颜色自犹好。　　乌衣怎忘巷小。看寻巢燕子，玉栋千绕。索果呼娘，簪花泥姊，依约欢情多少。而今更到，听风笛声声，总成凄调。一片烟林，莽寒鸦古道。

（张苏铮《台城路·金陵感旧》）

叶落庭宽，秋高月大，绕屋霜气棱棱。直疑苍宰，移昼作深更。道睡如何睡着，回栏上、百遍闲凭。凝眸处，前江尽白，星火闪渔灯。　　伶俜，天际影，飞过只雁，略不留声。早金釭焰灭，檀鼎香轻。身在琼瑶世界，看上下、一片空明。忘怀也，孤游已惯，谁道是萧清。

（施秉庄《满庭芳·延津客夜》）

陈兼与：以上薛、张、施三人词，意致清迥，音节婉转，功力可相伯仲。

敧斜山字休重整，参差别饶情性。旧写诗联，新添画本，都与幽人相称。茶声唤醒，误一点流萤，倦飞初定。入户风尖，试移屋角倚宵静。　　吟秋候虫怕听。算殷勤护掩，休搅清兴。宝麝留香，生绡隔月，寒水疏烟相映。萧斋绝胜，怎欣赏无多，忽传更永。帐冷流苏，烛花红渐暝。

（叶可羲《齐天乐·画屏和梅叟师》）

陈兼与：风情细腻，为咏物词中之格高者。

帘外花无数，春寒借，重帘护。哪知护得是春寒，春愁却被帘遮住。　　春愁无个安排处，看镜羞眉妩。却拼写入诗句，将愁分与伤心侣。

（王真《梁州令》）

怨水长流，愁峰自碧，移船来傍渔汀。小载螺觞，为君来酹芳醽。吟边未恨春岑寂，恨幽窗冷雨难听。甚伤心，不遣人知，诉与青灯。　　寻常村笛胡呜咽，正烟浮霭敛，柳暗桃冥。徙倚阑干，依稀倩影娉婷。泪痕红湿斜阳里，照寒波别思犹凝。最凄凉，黯黯孤魂，夜夜空亭。

（王闲《高阳台·吊冯小青墓》）

陈兼与：以上所录，虽取径有不同，灵襟亦有上下，要皆婉丽明蒨。

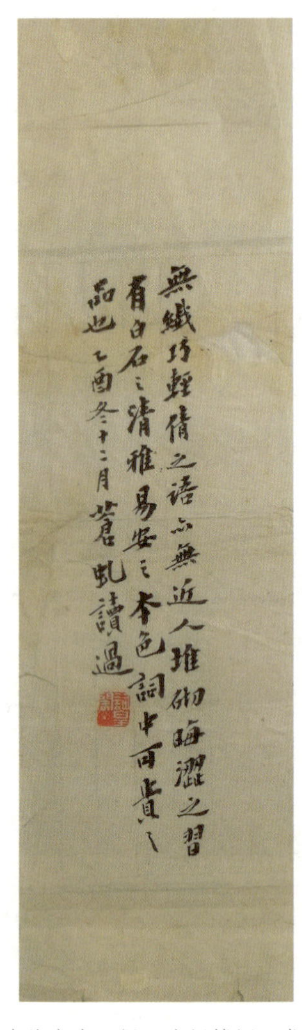

陈曾寿为王闲《味闲楼词》书跋。

三、书课：读临兼用 悟熟并重

前面介绍才女们的老师何振岱时，曾提到何振岱晚年纯以天机作书，笔底皆诗书之光华，极尽文人字之能事。因此，他对学生书课的指导自然也不离文人字的路数，下文试择其尤要者略述之。

文人创作书法为的是抒发一己之情感，希望借助书法以及所书写的诗文尺牍来慰藉自我，娱乐自我，所谓不得其平而书，总之是为己而书。职业写字人创作书法为的是满足上司或买方的需求，希望作品能够博取他人的喜欢与夸奖，总之是为人而书。作为文人的何振岱始终坚守为己而书的初衷，到了老年还不忘时时提醒自己："书画自为之则可以娱心，若为人为之所损实多。"（《何振岱日记》1926年农历三月廿九日）因此他对自己的学生，同样勉励他们要坚守为己而书的初衷，以免误入沽名钓誉、急功近利的歧途。如：

> 诗文书画，足以养性灵，非流俗人所可冒为之也。世之冒此者多矣，然其志在取悦于人，非求养性。
>
> （何振岱与叶可羲信札，未刊）
>
> 文辞书画之美，若徒为人役，于本人本分上初无真实受用也。
>
> （同上）

古人文章书画皆取自适己志，不求人知。如先挟一鬻世之心为之，则艺成而意鄙，所诣亦不能高。且以笔砚食者，心苦而事可伤，此夙生有业之人之事，岂可矢以为志乎？盖治生一事，而读书游艺又是一事，不可合而一也。

（转引自王真《道真室集·道真室随笔》）

“盖治生一事，而读书游艺又是一事，不可合而一也”，非此即彼，二者间的界限何等分明。以上是何振岱就学书目的给学生所作的指导，接下来再谈谈他就学书方法对学生所作的指导。

据王真《道真室集·道真室随笔》记载，何振岱就学书方法为学生陆陆续续作了如下一些指导：

学书要多看古帖。

写字以看古帖求悟为先。

（无论）学何等书，与悟并行乃佳。

学书要诀，一面博观古帖，一面多写，须以悟入，以习成，知行并进。

作字无它法，只是多写，熟则巧生耳。

虽海藏（郑孝胥）之善书，亦自云，三日若不作字，即手生僵。古人无每日（笔者按，“每日”疑为“一日”之误）不作字者。

琴与字必不可一日辍，两事最易荒，吾每验而知之。

方勤理它课，则早起先了此两课，无忘而已，亦不至夺它课也，此日无忘之功。

以上这些指导意见归纳起来，其要点即读帖与临帖兼用，求悟与求熟并重。这很容易让人联想到孔子在读书治学方面总结出来的方法论："学而不思则罔，思而不学则殆。"何振岱正是将这一方法论引入书法领域，他晚年有一段文字，将悟与熟二者相辅相成的关系分析得尤为透辟：

> 昔人有云："临写《兰亭》八百通，当成一代书家。"然世间善书者正有忽然之神悟，一悟之后，随意为之，无不入妙。蘋罗庵主云："帖使人看，不使人学。"盖恐泥古者之反失古意也。若徒恃虚悟，不加临橅工夫，则惜抱翁所云："得诸心而不应于手，虽有佳意，无从达之于外。"大抵如学禅者，一面参求，一面谨守戒律，斯得之矣。
>
> （何振岱《为世枢兄书扇》，篇名为笔者所加）

没有悟的熟，因为它只是机械地重复某些动作，所以只有量的增加而达不到质的飞跃，这是傻熟。没有熟的悟，因为悟未落到实处，所以虽然得诸心却不能应诸手，这是虚悟。反之，若既能悟又能熟，自然事半而功倍。

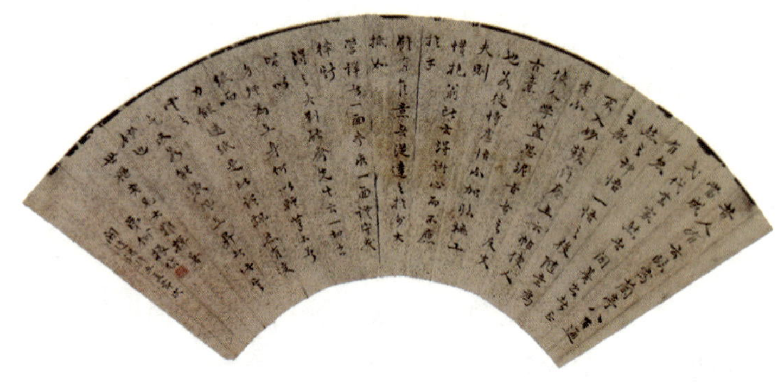

何振岱为世枢兄所书之扇

这段文字虽然字面上以禅喻书，但实质上还是强调学思结合的方法，其中谈到的悟都有落到实处的例子，如：

> 起，写大字六张，悟得写字只练得笔锋不着纸，能笔笔立，复笔笔吞，则思过半矣。
>
> （《何振岱日记》1928 年农历八月廿二日）
>
> 阅《张迁碑》字，悟其左右上下避让之法，至为微细，因以朱笔略注所见，凡廿余字，往日真是蛮写，毫无见处也。
>
> （《何振岱日记》1926 年农历十一月十五日）

以上第一则日记所悟的是用笔法，第二则日记所悟的是结字法。

何振岱给学生习书所作指导有文字记载的还有：

一是建议她们习书从习篆入门。

愚意则谓探讨字原，尤以习篆为最佳，习篆则隶、楷悉在其中矣。

（何振岱与叶可羲信札，未刊）

二是要求她们养成提肘作书的习惯，因为只有提肘才能用好笔锋之力，达到万毫齐力、笔不着纸力能透纸之效。

提肘作书虽惧飘颤，然每字必有一二笔得天然之致，积久则稳实，成全书矣，此一善诀。

（《何振岱日记》1927年农历正月初九日）

师常以写字当使万毫齐力，下笔须着力笔锋。

（王真《道真室集·道真室随笔》）

三是对学生择帖的指导。学生该临什么帖，因人而异，视个人性情所近而灵活推荐，不强求一律。如对叶可羲的引导：

《张迁碑》非入手之功。若习隶，似不若《史晨》《尹宙》《礼器》三碑，为有锋棱可取。

（何振岱与叶可羲信札，未刊）

君处有《灵飞经》否？似宜取此帖临之，上窥《十三行》《黄庭经》，进而愈上，足以雄视四海也。

（同上）

20 世纪 60 年代中期，笔者见年近古稀的薛念娟每日仍临帖不辍。其所临者有《峄山碑》《曹全碑》《石门铭》与孙过庭《书谱》，并说这些都是早年老师为她开列的。其中与何振岱为叶可羲所开列者多有不同，盖老师因材施教、因人而异也。

才女们的书法作品存世量很少，笔者从中选出若干作品简评于下：

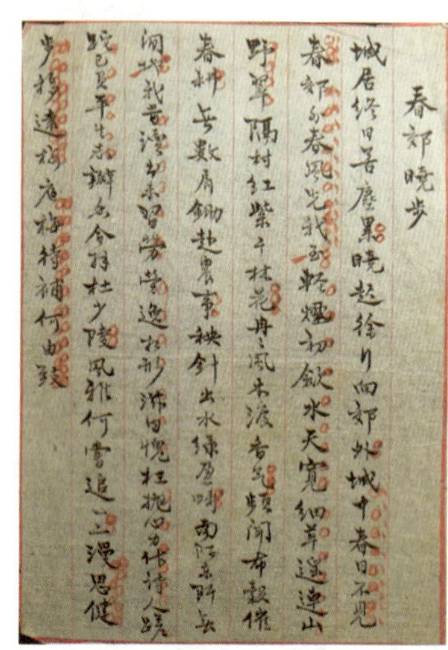

何曦（左）与叶可羲（右）的书法，行楷皆致力于学何振岱，何曦得其敛，叶可羲得其舒，故二人书法面目并不相同。

叶可羲隶书盖用功于《礼器碑》者。

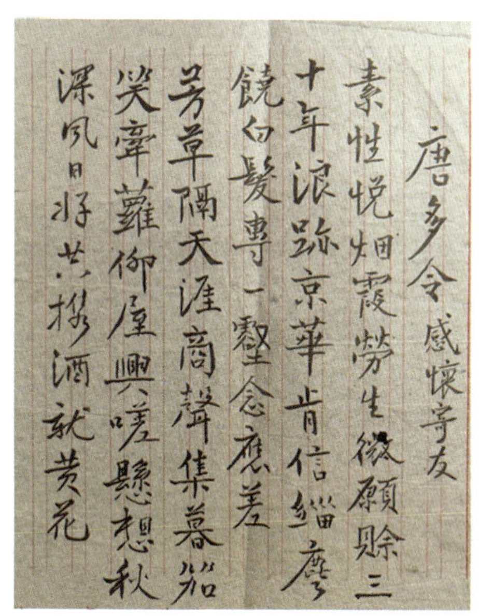

唐多令 感懷亭友

素性悦烟霞，勞生縱願賒。三十年浪跡京華。肯信緇塵饒白髮，專一壑，念應差。芳草隔天涯，商聲集暮笳。笑韋蘿仰屋興嗟。懸想秋深風日好，共攜酒，就黄花。

薛念娟书法下功夫于《石门铭》者独多，此书饶有王远书的味道。

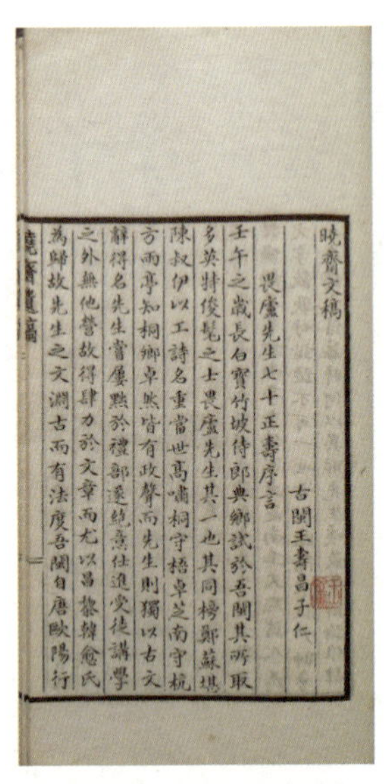

曉齋文稿

古閩王壽昌子仁

畏盧先生七十正壽序言

壬午之歲長白寶竹坡侍郎典鄉試於吾閩其所取多英特俊髦之士畏盧先生其一也其同榜鄭蘇堪陳叔伊以工詩名重當世高嘯桐守梧卓芝南守杭方雨亭知桐鄉卓然皆有政聲而先生則獨以古文辭得名先生嘗屢黜於禮部遂絕意仕進受徒講學之外無他營故得肆力於文章而尤以昌黎韓愈氏為歸故先生之文淵古而有法度吾閩自唐歐陽行

曉齋遺稿

王真终身学二王，功力至深。此乃手书其父遗著《晓斋文稿》。

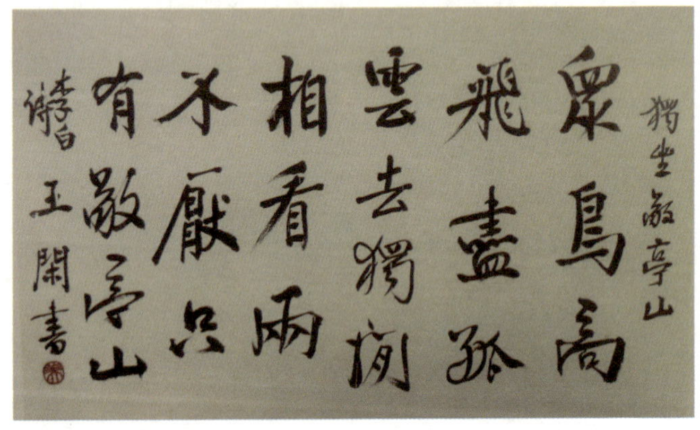

王闲此书遒劲有力，气格沉雄，真所谓巾帼不让须眉。

賈逵年五歲，明惠過人。其姊韓瑤妻，嫁瑤無嗣而歸居焉，亦以貞明見稱。聞鄰中讀書，旦夕抱逵隔籬而聽之。逵靜聽不言，姊以爲喜。至年十歲，乃暗誦六經。姊謂逵曰：吾家貧困，未嘗有教者入門，汝安知天下有三墳五典，而誦無遺句耶？逵曰：憶昔姊抱逵於籬間，聽鄰家讀書，今萬不遺一。乃剝庭中桑皮以爲牒，或題于扉屏，且誦且記。期年，經文遍通。於閭里有觀者，稱云振古無倫。門徒來自

洪璞的行书从文衡山来。

诗（含词）绝，书绝，笺绝，此亦才女们追求的三绝。以下依次为王德愔、刘蘅、何曦、薛念娟、张苏铮、叶可羲、王真、王闲八人的作品：

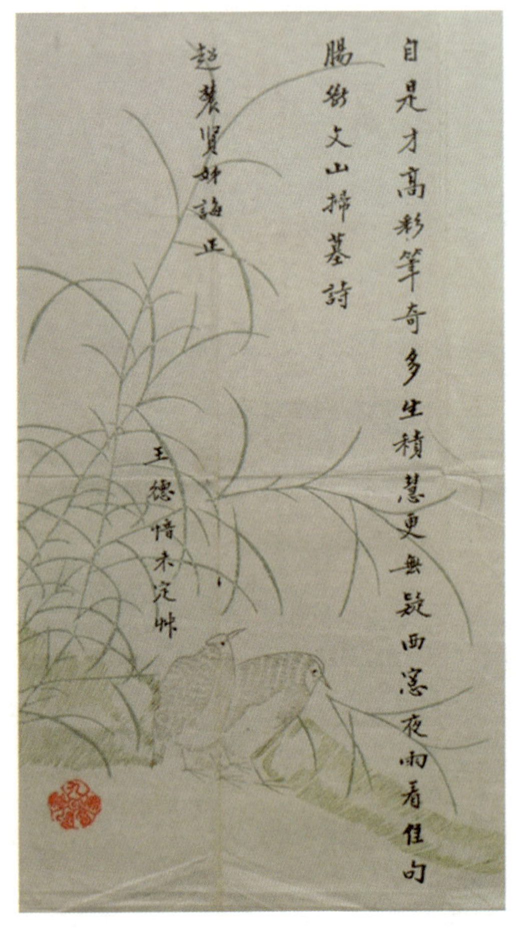

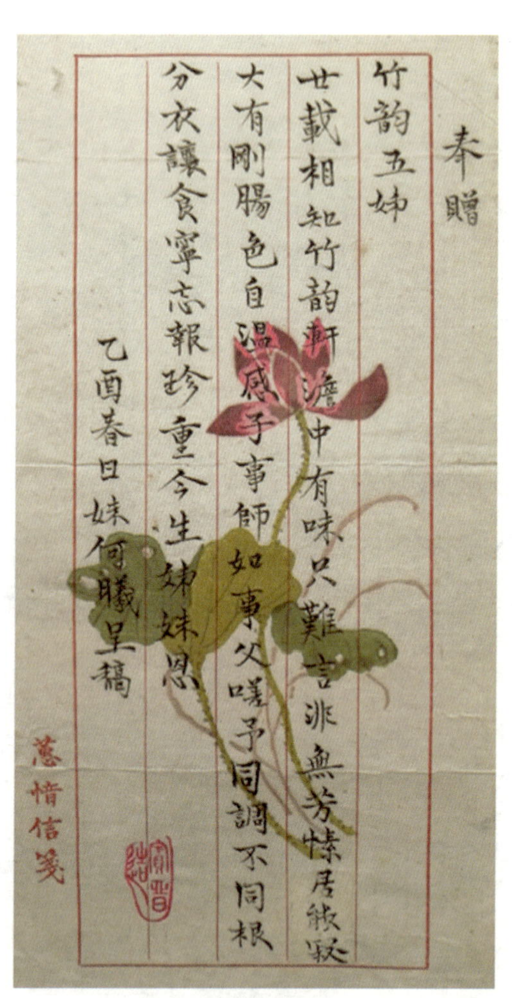
奉贈
竹韵五姊
廿載相知竹韵軒澹中有味只難言非無芳愫居敍寂
大有剛腸色自温感予事師如事父嗟予同調不同根
分衣讓食寧忘報珍重今生姊妹恩
乙酉春日妹何曦呈稿
蕙情信箋

庚戌九月三日朋儕小集竹韻軒示盧生

二十年前此夜良生兒合是見文昌讀書每借三餘暇

好學兼精六藝長蘭蕙詩心緣夙慧青春鵬翼趁朝陽

男兒意氣空雲海一脈斯文待子揚

念娟

慶春澤 新寒即呈 起裴社兄正拍

弄暝雲沈籠寒日淡幾番無準晴陰不捲重簾有人新戀羅
衾久梅孕冷溪橋路倩爐烟扶夢相尋怎堪禁菊老霜籬雁
老江湾 吳棉乍試依然怯念雪關戍角風院殘碪雨處眉
山一般都：愁侵許冰輪莫輾空枝露盼東風吹暖蕉心甚如
今暖了熏籠冷了瑤琴

沈桐

横行四海

九華堂寶記製

絢麗宣南春三月笄乃出海作生花芳芳内慧
外自美咿唔學語時見我已心喜直真阿娘
香在我懷袖裏卅年我別離小別猶思涕遠
遊更戀戀荏苒逾十載身雖隔重瀛心不違
尺咫旅食豈有餘為我憂薪米洞徹賴以蘇
如晦轉佳晷記昔相依日小軒同卧起笑時亞
字欄坐賞常並倚有款無弗從篤信誼似
爾我拙謂我才文字珍片紙多病翰墨荒
筆笑殊薈彩祇有進修心雖老未敢懈爾
年今四十所學餘立己治家兼樹人成就寧止
此佳侶共佳辰肴珍酒且旨道遠便為鄉莫
恨家萬里歡聚會有期孝悌邀天祉

文音甥女四十初度

庚子季春 龍農葉可羲

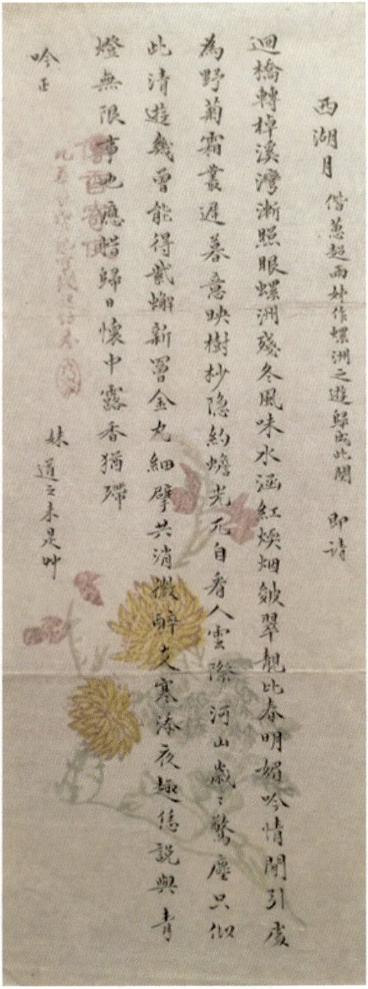

西湖月　偕蕙超西村作螺洲之遊歸成此闋　即請

迴橋轉棹溪灣漸照眼螺洲殘冬風味水涵紅煥烟斂翠靚比春明媚吟情閒引處

為野菊霜叢迓暮意映樹杪隱約蟾光花自看人雲際河山歲歲驚塵只似

此清遊幾曾能得試蝋新罾金丸細擘共消纖醉支寒添夜趣待說與青

燈無限事也應皆歸日懷中露香猶殢

吟正　妹

道之未是艸

聽松

王開堅廬

野徑直且深、一望塵喧絶、梅卷向林邊、忘言情兀兀、閒中多真趣、幽聆意、
自逸、商飈沙際來、松梢轉蕭瑟、忽若波濤傾、漸似山石裂、猶疑塞馬鳴、
髣髴澗泉咽、天籟氣高霜重、聲更烈、既為木中仙、張鷹明以松為木中之仙 悲吟何鬱
鬱、歲寒不改性、無愧大丈節、絲竹徒紛紛、此聲獨盤勃、甚日倚翠微、傾耳
入雲末、萬壑奏清音、滌我胸次豁、
幽花冷葉、靜影搖窗紙、高韻宜禪滌、塵理窺鏡、尤疑香意、詩魂繚繞
東籬西風吹老霜枝、幾度月明秋好、教人坐戀宵遲、

清平樂 菊影

才女们对花笺的酷爱，也是深受老师的影响。何振岱在给学生的通信中一再叮嘱她们，购买笺纸务必认定几家知名的南纸店，如九华堂、清秘阁等，务必懂得辨别纸质的优劣和画面的雅俗。他常常随信寄去上好的花笺，供她们比较、鉴别。以下再附几张何振岱当年书写过的花笺，以飨同好：

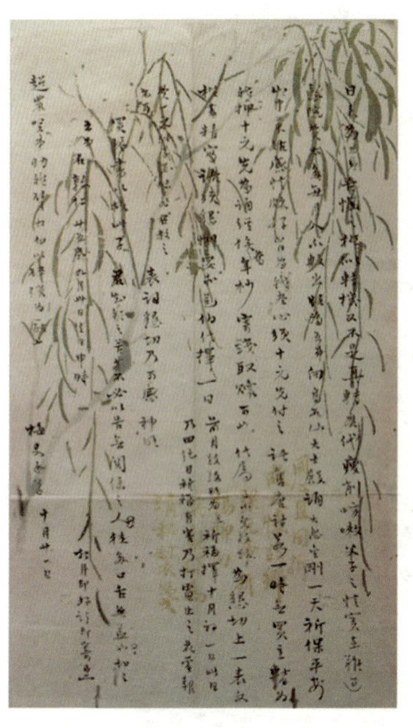

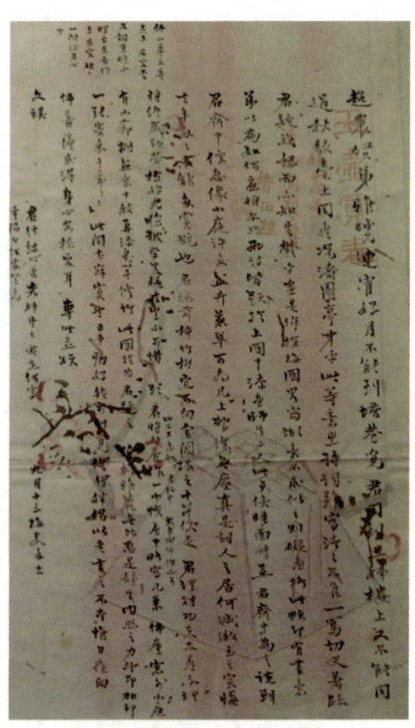

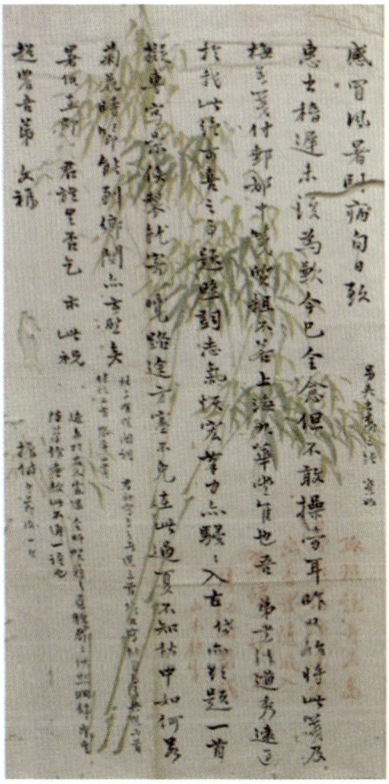

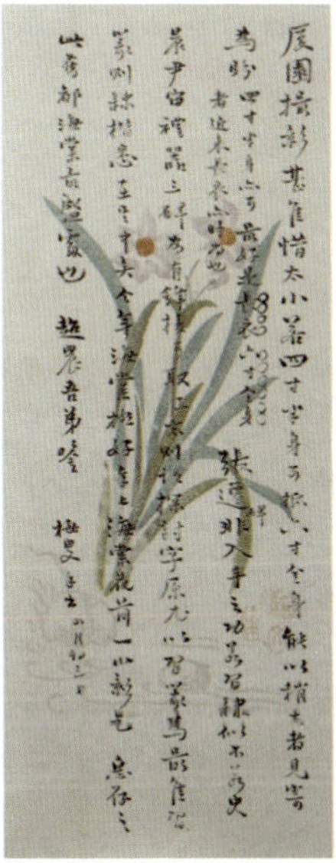

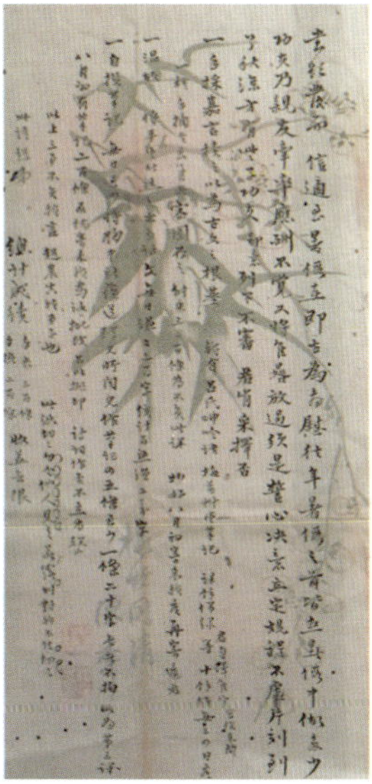

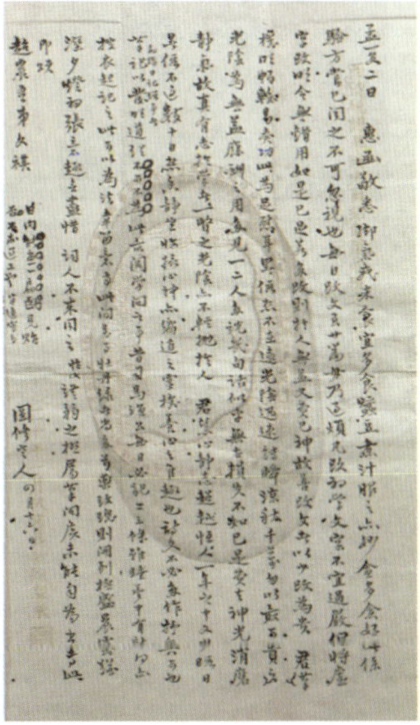

附录：旧时文人的书房长物——漆盒、铜仿圈、信封

漆盒

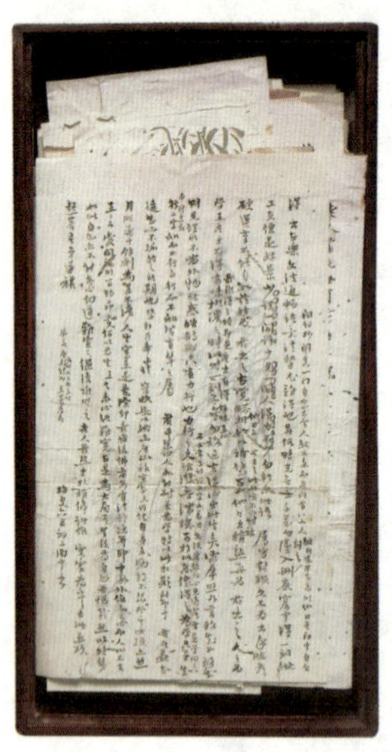

存放诗笺、信札的漆盒（晚清民国制），盒盖上方的兰花图与右下方“同心之言”的图章，一道隐含“同心之言，其臭如兰”的用意。

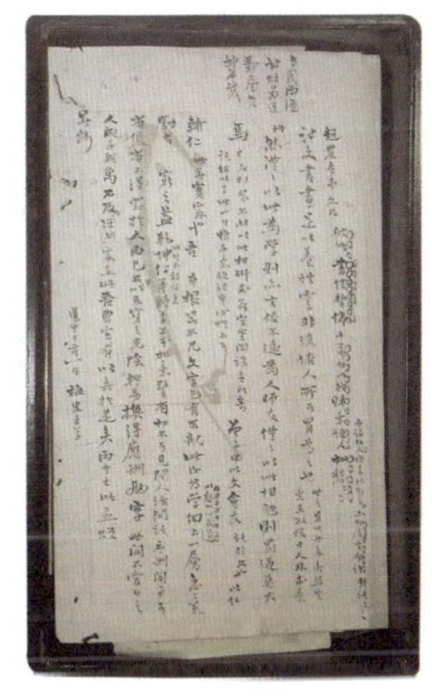

存放诗笺、信札的嵌八宝漆盒（晚清民国制），盒上图案或为“康成诗婢”。

铜仿圈

晚清民国制“四君子”铜仿圈

铜仿圈用途有二：其一用于写仿影，故而名曰仿圈。其二用做镇纸。所谓写仿影，乃初始习字的人，将透明纸蒙在字帖上，然后照纸上显现出来的字影逐笔逐画地仿写。此时如果能在透明纸上压个铜仿圈，则纸上显现出来的字影会更加清晰。

信封

清末民初文人邮寄诗笺、信札的信封

四、画课：能画诗　画心贵于画力

才女们入何门之前多已各自拜过师学过画，如王德愔师从画家林纾，王真、王闲师从福州本地画家周愈，叶可羲毕业于北京艺术专科学校，师从国画家萧厔泉、贺履之，施秉庄毕业于北京艺术专科学校，后又师从福州本地画家张锵，等等。面对这样一群与众不同的学生，何振岱决定带她们步入纯文人画的殿堂，他给出的路径是：能（善于）画诗，画心贵于画力。

先说能画诗。“文人之画自王右丞始”（董其昌《画旨》）。无论是王维画作的“画中有诗”（苏轼《书摩诘〈蓝田烟雨图〉》），还是苏轼画论的“诗不能尽，溢而为书，变而为画，皆诗之余”（苏轼《文与可画墨竹屏风赞》）以及“诗画本一律”（苏轼《书鄢陵王主簿所画折枝二首》），都表明文人画与诗有着特殊的关系。何振岱干脆直言文人画就是诗，画意就是诗情，画文人画的奥秘就在于善画诗。这在他的《检旧作小画偶题二首》诗中有详尽的表述：

我虽无画学，而略有画姿。自写画外意，实画胸中诗。我诗率我性，别具欢与悲。于人不求合，我亦不自知。所画皆天耳，神合貌自离。貌似寻常有，取证容向谁？

运诗求入画，无问古与我。诗中含画意，谓诗即画可。

知诗在画先，不画诗亦妥。洪亮吉、孙星衍不言画，画意诗能写。此才本相通，根源在风雅。

（《何振岱集》）

这两首诗作于戊子年（1948 年），可以看作是他晚年对文人画画诗说所作的总结。为何说是总结呢？因为大约二十多年前，何振岱在给学生王真的信中便已提到了文人画“能画诗”的见解与主张：

近年得见宋、元、明人真迹，因知石谷于画只得一半，以其不能诗，故能画画，不能画诗。南田则能画诗。

（《何振岱集·与王生耐轩书》）

在此何振岱将能画诗与能画画加以区别，其实就是将文人画家与画师（即职业画家，古人亦称之为画工）加以区别。能画诗的前提是能诗，反之不能诗者一定不能画诗，那么，文人画家首先必须是个诗人，若非诗人则悟不出文人画的奥妙：

九里山人墨梅正以疏淡处写神，胸无诗意者不能知也。

（转引自王真《道真室集·道真室随笔》）

昨在旧王府见梅花道人（元代画家吴镇）草书，遒秀不减张旭，因知画家多工书能诗，诗人之画定与寻常不同。

吾弟诗人、词人、书家兼擅其美，以之作画，必至佳无疑。

（何振岱与叶可羲信札，未刊）

“诗人、词人、书家兼擅其美”，这是成为文人画家的先决条件，也是何振岱给学生们提出的努力目标。要画出与寻常不同的至佳的诗人之画，其先决条件中居首的便是能诗。当年叶可羲劝施秉庄改攻文人画，也是劝其先加入寿香社师从何振岱学诗，做一个诗人：

况乎绝艺称画师，早蓄诗情存画里。而今试检画中诗，诗里定多画意在。辋川有美安足专，今世追踪其施子。

（叶可羲《竹韵轩集·劝浣秋学诗》）

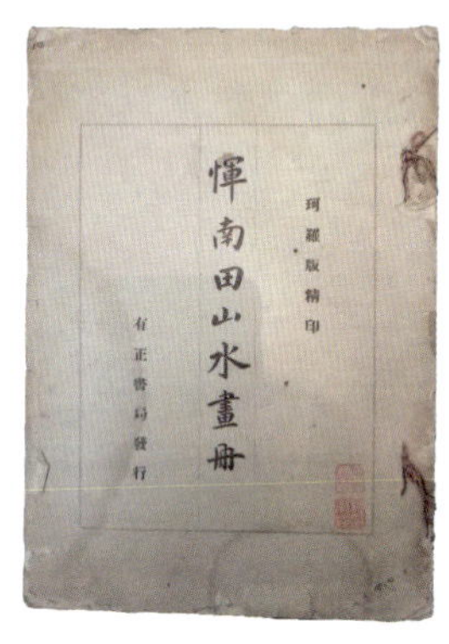

施秉庄为了“能画诗”而一度苦学恽南田。

提出画诗说，让学生们画各自的诗或前人的诗，将诗中意境转化为画中意境，对此何振岱还有种种表述：

> 阅古人名迹熟后以吾诗意为之。
>
> （转引自王真《道真室集·道真室随笔》）
>
> 画法熟后以意融之。
>
> （同上）
>
> 画入手循矩矱，以后要纯以性灵出之。
>
> （同上）
>
> 画之佳处在一缕性灵与之氤氲耳。
>
> （同上）

画诗说要求以诗意作画，而诗的意境就是诗人的性灵，所以以诗意作画也就是以性灵作画，二者其实是一回事。

老师的指导和影响，后来都体现在学生的画作中，也体现在学生谈诗论画的诗词中：

> 诗因吟苦忘尘事，画遇思深减夜眠。
>
> （王德愔《琴寄室诗词·和坚庐夜坐》）
>
> 画意多从诗里出。
>
> （刘蘅《蕙愔阁集·坚庐七十初度》）

画情诗思，总是相关。

（刘蘅《蕙愔阁集·维深砚弟》）

琴寄擅诗画，高才倾北斗。

（王真《道真室诗集·壬寅秋日招琴寄、蕙愔、璞庐及闲妹小集道真室并组诗社，喜赋》）

再说画心贵于画力。针对这群特殊的学生，何振岱试图让她们在继续提高画力的同时，刻意培养她们的画心。所谓画心，也叫画意，即绘画的灵感。而所谓画力，即绘画的技巧与方法。任何一个画家，无疑必须兼备画心与画力，但又各有侧重，文人画家侧重于画心，职业画家侧重于画力。何振岱曾这样评价自身的绘画水平："吾画力浅，吾画心则似不在古人下。"（转引自王真《道真室集·道真室随笔》）"吾画心高于四海，而画力乃不及一俗工。天下事固以能行为贵，知之而不能行，无为贵知也。言之惭愧之至。"（同上）何振岱虽然因画力浅而自愧，但同时也因画心高而自负。其实，画力一般而画心高正是文人画家的特点，清人盛大士对此有他精辟的见解：

画有士人之画，有作家之画。士人之画妙而不必求工，作家之画工而未必尽妙。故与其工而不妙，不若妙而不工。

（盛大士《溪山卧游录》）

王真晚年于此亦颇有所悟，直言“文人之画多意到而笔不到，画人之画则笔到而意多不到”（王真《道真室集·道真室随笔》）。

那么，何振岱是如何培养学生们的画心呢？

首先，要求学生多看历代名家真迹。

> 画当看真迹，始知古人千奇百怪，不可囿于一格。文华殿尚有数百帧宋元明及清初之真迹，不厌百读也。
>
> （《何振岱集·与王生耐轩书》）
>
> 在此阅故宫画千数百幅，近日始见董源山水，长丈余，妙不可言，纷纷拓本（拓本或是印本之误），皆失之远。
>
> （何振岱与叶可羲信札，未刊）

客居北京期间，何振岱多次带学生到故宫或恭王府看名家真迹。叶可羲《洞仙歌·参天古柏》题下注曰：“故殿遍张藏画，予北居时曾随梅叟师游览。”王真在《道真室随笔·读画琐记》中回忆道：“丁卯余客旧京，曾侍梅师造故宫文华殿观画，琳琅满目，美不胜收。”刘蘅《八声甘州·记名园翠锦晚春时》句中注云：“余侍梅叟师览画王府……”总之，看名家真本，眼界大开，终身受用。清人王原祁也曾总结出“临画不如看画”的经验，他说：“临画不如看画。遇古人真本，向上研求，视其定意若何，结构若何，出入若何，偏正若何，安放若何，用笔若何，

积墨若何，必于我有一出头地处。久之，自与吻合矣。”（王原祁《论画十则》）

其次，于看画、临画过程中求悟其中的奥妙。

> 予意欲君于此一事（画事）探出古人静净一路，气味雄劲中弥静弥净，乃最上乘也。
>
> （何振岱与叶可羲信札，未刊）
>
> 世间真解画趣者疑无其人，解之者其或耐轩与坚庐乎？
>
> （《何振岱集·与耐轩坚庐书》）

在《与耐轩坚庐书》中，何振岱以激将法鼓励学生。后来耐轩于画趣果然多有领悟，得出“画中之妙，半须由心求之，半须于笔下求之”（王真《道真室随笔·学画詹言》）的体会。

最后，强调多读书是根本。

> 若取两事（读书与画画）较之，仍是耽书为主，以画辅之。盖所可学者法耳，意则吾人所自有也。读书多则意愈足，画无不佳者，此则可必者矣。
>
> （《何振岱集·与坚庐书》）
>
> 作家法眼两不易，根本胸中多古书。
>
> （《何振岱集·题畸庐读画图》）
>
> 或云：九里雪梅何以独胜？曰：惟其胸中有古书万卷，

故其毫端无一点尘氛。

（转引自王真《道真室集·道真室随笔》）

竹雕印规。书画家借助印规，可以避免作品上的图章盖偏盖斜。

王真在这方面深有体会，她在《道真室随笔·学画詹言》中对此多有所述：

读书人未必能画，而作画必须读书人。

胸藏万卷，画乃有逸气。

读书以养画之韵，习字以造画之骨。

何振岱常常让学生为他所用的折扇写字作画，给信心，给任务，鼓励她们多写多画。才女中王德愔、刘蘅、王真、王闲、施秉庄诸人最是用功于画，皆颇有成就，传世作品也多。陈衍曾称王德愔、王真、王闲三人为“闺中小三王”（《石遗室诗话》续编卷五）。刘蘅喜作四季山水四条屏，大有与职业画家一较高低之势。而叶可羲自北京艺专毕业以后，跟着何振岱专心致志学诗词，画事倒是任其荒废了。以下是才女们画作选介：

王德愔的前期画作以工致胜。

王德愔的后期画作善画诗，入文人画之室矣。

何曦画作

春

夏

秋　　　　冬

刘蘅喜作大幅四条屏，颇有与职业画家一较高低之气势。

刘 蘅 梧桐秋色

年过耄耋的刘蘅仍执着于求新求变，其晚年作品善用干笔作勾勒皴擦，别有韵致。

施秉庄画作

以上为叶可羲画作，自 1936 年何振岱从北平回到福州定居后，叶可羲便一门心思从其学诗学词，极少作画。

以上为王真画作。

以上为王闲画作。

王真、王闲二人的山水画受其师周愈的影响极深，一生画风没有太大的变化。不过她们都是画坛的多面手。

王真善画蝶。

王闲善画仕女。

附录一：**1937**年五位才女赠予杨文音的小品画（先后依次为：王德愔、刘蘅、施秉庄、叶可羲、王真）

文音世妹属
劉蘅

文音表
甥女嘱
拟夏珪
写意

江山無際圖
文音甥女清賞
葉可義

楊柳岸曉風殘月
文音世姊清賞
丁丑冬夜王真

附录二：寿香社才女的书房长物——砚台

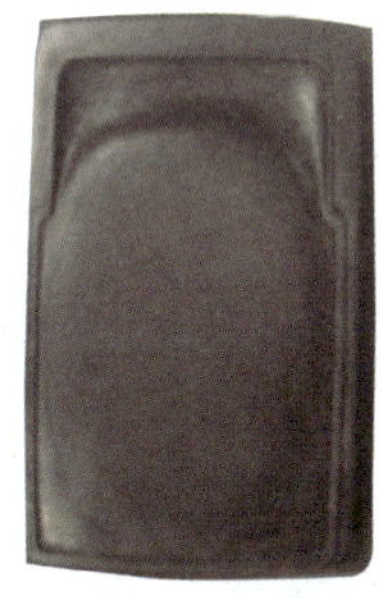

琴寄室砚

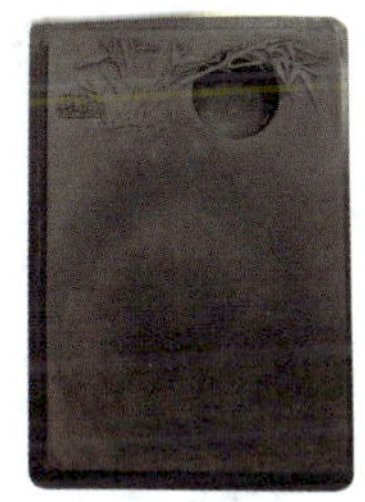

竹韵轩砚

道真室砚

五、琴课：修心养性

何振岱指导学生学古琴，一如他指导学生学书画那样，强调为己而毋为人。所谓为己，即琴是寓情之器，弹琴是借琴以陶淑自家的身心。所谓毋为人，即不是为了登台演奏，以换来听众的赞美。因此，为己与为人便成了文人琴与琴人琴的最大区别。王真在她的《道真室随笔·觉庐侍谈录》中记下了何振岱的一句话：“琴者雅德之人所以寓心，而读书之士自养厥性者也。”这句话遥承嵇康《琴赋》所云音声“可以导养神气，宣和情志”的旨意，概括了文人琴的本质特征。何振岱的《述琴示蕙愔》一诗又对这一本质特征作了详细的阐述：

何振岱抚琴照，1924 年摄于北京。

琴瑟常在前，礼经果何意？为乐以陶心，其用先调气。舒春郁为秋，导和于天地。一气有节宣，和至诣斯粹。若使气累心，焉能神合器？是故操琴人，以和为其至。

此诗说理透辟，只是不好理解。倒是何振岱的一则日记，有助于我们形象地认识文人琴：

十一时，吹灯。月满楼，焚香，使怡（怡即何曦，字健怡）弹琴。琴得月而幽，月得琴而韵。予卧而听琴看月，林影映窗，夜色至佳。诗未成，就睡。

（《何振岱日记》1926年农历四月十六日）

诗人忙碌过后熄灯方欲就寝，忽然见到满楼月色，心情之愉悦自不待言。不平则思鸣，故起而焚香，又唤来女儿使之抚琴，借助琴声以抒发此愉悦之情。琴得月而幽，月得琴而韵，琴月既相得矣，而情犹未尽，又思赋诗以尽之。最终诗未成，但此则日记清微淡远，虽寥寥不足五十言，却是一篇绝妙的小品文，实不亚于一首诗。从这则日记不难看出，抒情与自娱正是文人琴的特色。王真曾手抄个人常习的琴曲成《道真室琴谱》，取名《怡心悦性》，也是一证。

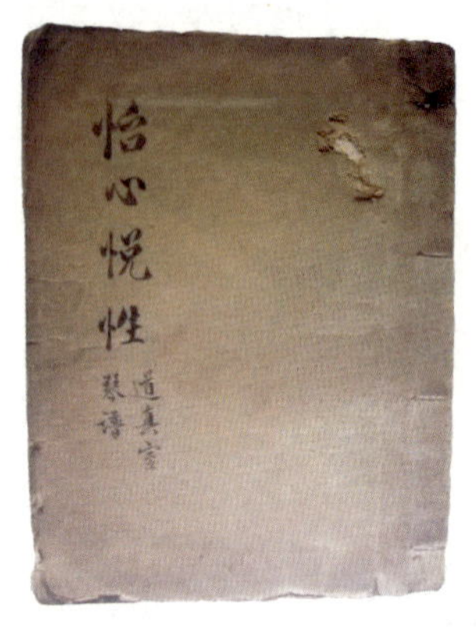

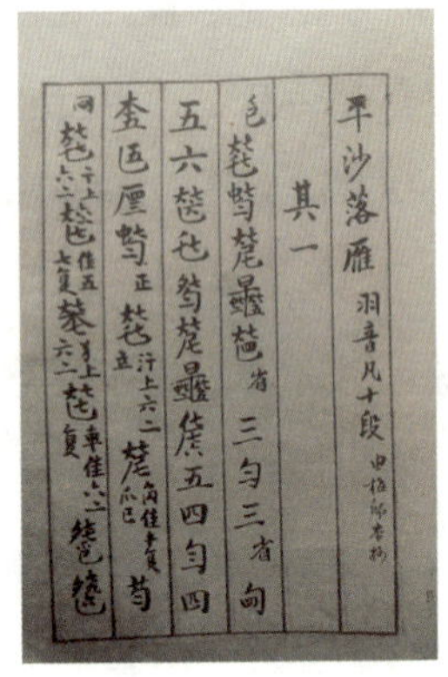

道真室琴谱

文人弹琴，功夫要下在琴外，即“弹琴人须有数千卷书意在胸中，不然，则江湖琴匠而已”（《何振岱集·与耐轩、坚庐书》），可知文人琴离不开书卷。而琴内的功夫则“稍宜明乐理，知其尺度之所由然”（《何振岱集·杭州徐圣禅家藏古琴拓本序》）便足矣。功夫下在琴外，所以不以能多弹若干曲而自炫，也无意与琴人争琴技之短长。为此，何振岱为学生举了范仲淹的例子：“范文正只弹《履霜》一操，正以略取琴意耳。若与琴匠较长，文正屑乎哉?”（《何振岱集·答耐轩、坚庐书》）遵照老师的教导，才女们凡提到琴则必及书，如叶可羲“交到琴书无聚散”（《竹韵轩集·小斋清夜》），王真“任高楼蠹琴虫册，我能穷守”（《道真室词集·金缕曲》），于此可见一斑。

琴课在寿香社被定为日课，其原因有二。首先，古代文人将抚琴列为日课：“古之士夫，琴瑟书策，日陈于前，所藉以陶

风竹萧萧，炉烟袅袅，丝弦悠悠，此时此刻，恍如身在天上。叶可羲为晚辈抚琴，1970年摄于竹韵轩。

淑身心者，道甚备也。”（《何振岱集·杭州徐圣禅家藏古琴拓本序》）这是从修心养性出发，说明将抚琴定为日课的必要性。其次，从琴艺考虑，也必须定为日课，因为一天的荒废足以让之前九天所下的功夫都付之东流。为此，何振岱这样告诫学生：“琴与字必不可一日辍，两事最易荒，余每验而知之。方勤理它课，则早起先了此两课，期无忘而已，亦不至夺它课也。”（《何振岱集·与耐轩、坚庐书》）我们读何曦的日记，可以看到她每日琴课不辍，便是一证。而且即便是作客他乡，才女们亦不忘抽空温琴：“温琴共夕灯，论文酌村醑。”（《竹韵轩集·听雨寄浣桐、浣秋》）老师的教导，她们谨记在心。

才女们平日里常操之琴曲有：《平沙落雁》《鸥鹭忘机》《秋江夜泊》《渔樵问答》《水仙操》《石上流泉》《普庵咒》（见《何曦日记》，1940年农历十二月二十九日）。王真《道真室琴谱》较何曦所记多了四首：《洞庭秋思》《梅花三弄》《古琴吟》《汉宫春》。每逢春秋佳日，才女们常常三五相约，以琴会友，切磋琴艺："谱名琴，稽古史，朋集多欢意"（张苏铮《浣桐轩诗词集·祝英台近》），"三五名闺深友，约温琴翻谱，酌酒提瓢。"（《道真室集·声声慢》），"展谱温琴，遴韵组句，爱茶香酒旨"（《道真室集·莺啼序》）。当年情景，至今读来犹令人神往。

"吾与尔言，尔亦予诺"，王闲与古琴心照神交，1940年代初摄于北平寓所。

何振岱也是一位古琴收藏家，他曾先后购得清初许友瓯香馆收藏的元至正元年钱塘张君翼斫制的“悬崖玉溜”琴、赵孟頫收藏的唐昭宗光化二年制的唐琴。受老师的影响，才女们也收藏古琴，各人所收多不止一张。而叶可羲所收的唐咸通二年雷盛斫制的“逍遥游”最为有名。1940 年春，叶可羲以一百五十两黄金购得此琴。在乡先贤龚易图收藏的众多古琴中，“逍遥游”为最，因此也最受主人青睐。1874 年龚易图任山东登莱青兵备道道员兼东海关监督时得此琴于烟台。归里后为此琴专辟一室以贮之，名该室曰“逍遥游琴室”。如此而意犹未已，又以上等寿山将军洞芙蓉石刻一对章，曰“逍遥游琴室章”，曰“龚易图藏”，可知钟爱之深。

竹韵轩“逍遥游”唐琴

唐琴的背面布满断纹，灯光照之，仿佛月下湖面，波光粼粼。

叶可羲收得“逍遥游”琴后，“宝之，眠之已榻，夜寐与同”，一时在社友中传为佳话。老师何振岱闻知此事，为赋《水龙吟·词人得雷琴，宝之，眠之已榻，夜寐与同，为赋此解》一词：

一床不隔春寒，锦衾偎到冰弦暖。焦桐数尺，何修得此，承恩幽婉。倚枕轻眠，兜衣细幂，爱多难懒。问雷家制后，几经桑海，来依托，为良伴。　　漫拟宵长宵短，展桃笙，定分强半。故应密约，香温灯灺，起弹离怨。须信缘因，仙姿神物，相遭真罕。这孤清滋味，世间蛉赢，梦何曾见？

何振岱赠词

如何理解何振岱的这首词呢？原来，在文人的心目中，琴是有生命、有灵性的。文人抚琴，无异是同知己谈心，无异是心灵与心灵的碰撞与交流，所谓“吾与尔言，尔亦予诺”（明张岱《琴铭》），所谓“能尽雅琴，唯至人兮”（嵇康《琴赋》），都说到了个中的奥秘。为此，文人视琴为知己为好友乃是极常见之事。知徒莫若师，能理解叶可羲的莫过于老师何振岱，此词通篇采用拟人化手法，上片极写叶可羲对古琴怜爱有加，超出常人的想象，下片则写“二人”在琴课上相约相勉，堪称知己，整首词犹如一则寓言，新颖别致，十分感人。

闻知叶可羲购得名琴，远客连城的张苏铮虽不能亲睹佳制，但也寄来一诗以表祝贺，其诗略云：

别来闻君新有遘，断纹密列今所希。逍遥游名何代始，从知价重珠百绯。灿然入抱应失喜，宛如灵瑟逢湘妃。炉香袅竹瓶妥几，真心默契何融怡。风前挥指鸣流水，惊起宿鸟摇庭枝。

王德愔收藏的古琴“玉溜”为云洞梅花道人苏而闻旧物。她为书房取名琴寄室，直言寄情于琴，亦陶渊明“委怀在琴书”之意。而她的名字德愔二字，出自嵇康《琴赋》“愔愔琴德”，她与琴的缘分可谓与生俱来。

琴寄室“玉溜”古琴

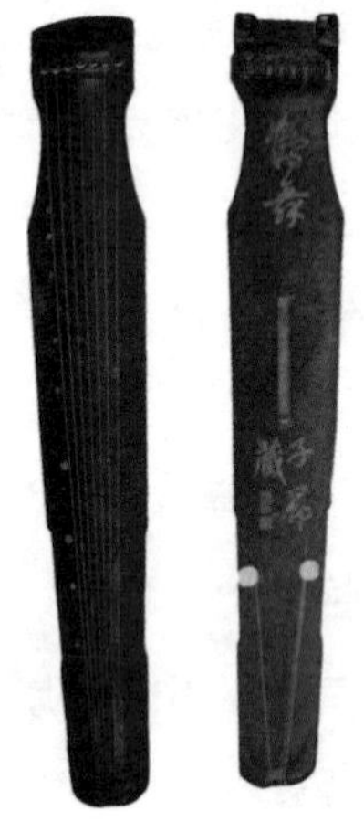

璞园“鹤舞”古琴

末了，摘录几首才女们有关弹琴的诗词，分享其中不同的意境。

久不弄弦指渐疏，宫商调协意方舒。平沙落雁声声里，似慰故人有锦书。

（王德愔《琴寄室诗词·弹琴》）

颓云依古树，看绿润凉襟，四围山气。峰高逼天纬。望浮图遥矗，梵缘先缔。扶筇涉翠，趁几尺、斜晖未坠。敛真禅、乍入跏趺，膝上一张焦尾。　　幽翳，松阴开合，鸟影低徊，素弦初理。残寒裹指，流泉迸，玉徽里。念青禽消息，空中如接，不负焚香叩齿。自凝听、弦外余音，尚流烟际。

（刘蘅《蕙愔阁诗词·瑞鹤仙·自题香山松下弹琴小影》）

一灯雨外闲吟，轻寒直透更深。欲睡怎生睡，焚香独理瑶琴。凄清，凄清，曲终雁思沉沉。

（薛念娟《今如楼诗词·如梦令·秋夜弹琴寄琴寄室》）

篝灯明灭断人肠，睡少觉宵长。啼蛩唳雁缘何事，向西风、各谱宫商。侬也起操弦索，孤心迸入炉香。　　更深月落气初凉，照幕是霜光。般般客里浑无赖，甚琴声、都异家乡。明日试看林叶，故应近岸先黄。

（施秉庄《延晖楼词·风入松·秋夜理琴》）

闲拨湘弦按玉徽，渔樵问答想依稀。只闻琴语人无语，喧寂谁知尽道机。

（叶可羲《竹韵轩集·道真室温琴》）

弦悄悄，夜清清，初调旧谱迸秋声。弹到窗灯花落久，一帘凉雨洒残更。

（王真《道真室集·赤枣子·夜琴》）

小园幽，高阁静，丛竹滴凉露。馥郁花香，无影自来去。寻常一样明蟾，伴人迟睡，却添出、这般琴趣。　独坐处，七弦弄遍春宵，为谁惹愁绪。六曲屏山，秋声掩难住。想见水际沙寒，芦边雁瘦，更听得、涧泉如雨。

（王闲《王闲诗词书画集·祝英台近·秋夜弹琴》）

第四章　寿香社社事掠影：相会总缘诗

寿香社社事即寿香社开展的各种活动，以写作吟诵诗词为主，兼及书画名作的欣赏，书艺、画艺、琴艺的切磋，以及游览、宴饮等。在介绍寿香社社事之前，先回顾一下近代以来福州几个诗社（含词社）的活动概况或片段，亦探本溯源之意。

1859年聚红榭王彝招集的吟菊之局。聚红榭是清朝咸丰同治年间活动于福州地区的一个词社，成员多为当地人。词社的发起人与主盟者为谢章铤。据谢章铤《赌棋山庄词话续编》卷五记载：

> 咸丰己未之秋，闽县王子舟彝孝廉购菊花三百盆，五色纷如，堂庑庭阶皆满。招诸君为吟菊之局，一人一席、一笔、一墨、一砚、一韵本，肴四，酒无算。拈题分笺，三日始罢。夜则然红蜡数十枚，浅斟密咏于冷叶幽香之下。至今思之，如在天上。

谢文中“购菊花三百盆，五色纷如，堂庑庭阶皆满”与“拈题分笺，三日始罢。夜则然红蜡数十枚，浅斟密咏于冷叶幽香之下”的描述，确实让人神往。“如在天上”四字，既是作者对当年雅集的美好回忆，也是他因其后盛会不再、人世沧桑而生发的无限感慨。“子舟为文勤尚书从子，门地清华，风姿玉立，能诗善饮，裙屐洒然，固翩翩佳公子也。未几，文勤卒于位，生计渐窘，而君之意兴亦渐阑珊矣。乃入资为学官。又未几，哭其妻妾，并及子女，一年数丧，而君之生意殆尽矣。迁俄数月，竟殁于建阳。其时赞轩家亦中落，而词榭中遂无人能为东道主者。”（《赌棋山庄词话续编》卷五）这样的词会势必不是其他社友都能够招集得来，难怪刘、王之后便无人能为东道主者（前期活动的东道主为刘勷字赞轩，后期为王彝字子舟）。于是，大家只好借助回忆与入梦，去重温那段美好的经历。

“购菊花三百盆，五色纷如，堂庑庭阶皆满”与“拈题分笺，三日始罢。夜则然红蜡数十枚，浅斟密咏于冷叶幽香之下”的描述，与唐代诗人卢纶《题贾山人园林》所描写的一千多年前中原洛阳的诗会场景“连春诗会烟花满，半夜酒醒兰蕙香”，何其相似。再联系宋代诗人曹邍回忆诗社活动的诗句“南浦看花春载酒，西园刻烛夜吟诗”《寄豫章诗社诸子》，可知诗、酒、花乃诗人雅集之三要素，千余年来传承不变。虽然集会有豪华与简陋的区别，但这三个要素则不可少。明代诗人祝允明的两句诗“有花有酒有吟咏，便是书生富贵时”（《新春日》），若理解为诗人对诗会的渴望似亦未尝不可。否则一人独赏、独饮、独咏，对祝允明来说，能有那么大的魅力吗?

始于1887年的何振岱、龚葆銮、郑容、陈紫澜等四人的前寿香社祀陶小集，何振岱写于1896年的《祀陶集序》的附录文字详细记述了雅集的整个过程：

> 是日会，主人扫净室，中设渊明先生像，前一几，供瓶一炉一，尊酒碗茗，荐菊、蟹。室左右分，列四几，几各一瓶、一炉、一茶杯、一爵，及诗韵、笔、砚、楮、墨。宾既集，序齿为先后，对像荐瓣香，一拜一揖，然后入座。宾三人，以次就左右座，主人下座。随意拈诗，或一章数章不等。诗未成，勿许离座。诗毕成，相质证讫，计若干首，主人收贮。宾、主人各以次入座，陈酒肴，爵无算，不及乱。酒罢，主人分所荐菊为五分，各受一分。仍对像如前拜揖而散。(右仪)
>
> 一曰无后至。二曰无先归。三曰无卮言。四曰饮酒有节。五曰无体韵为诗。六曰整以永趣。(右规)

前寿香社祀陶小集形式上大体承袭聚红榭，但气氛之严肃，俨然贡院考试一般，似乎少了欢趣。这是贫寒学子们的诗会，较之王彝诸人的词会，正自有天上人间之别。

始于1912年的王允皙、陈衍、何振岱等人的秋社雅集，陈衍《秋社吟集叙》对此有所记述：

> 去年里居，又点（王允皙字又点）商余欲起诗社，不作折枝（即诗钟）。余言："庚戌春，在都下与赵尧生、胡瘦唐、江叔海诸人创为诗社。遇人日、花朝、寒食、上巳之等世所号良辰者，择一名胜地，挈茶果饼饵集焉。晚则饮于寓斋若酒楼。分纸为即事诗，五七言古近体均听。次集则易一地，汇缴前集诗，互相评品为笑乐。其主人轮直之。辛亥亦然。此法宜可仿行。闽中胜地少，不如都下，宜择数家有亭馆花木者足焉。"又点乃于立秋后一日，招往城南沈祠为第一集。

较之祀陶小集，秋社雅集借鉴都下雅集，改当场命题当场成诗为当场命题归而成之，此举无疑有助于提高诗作的质量，且现场腾出时间来供彼此间交流品评，也有益于诗作水平的提高，而且增添集会的乐趣。再则改各人独自用餐为众人同桌用餐，更给集会带来无穷的欢趣。

寿香社社事基本上沿袭秋社。叶可羲写有组诗《纪事十首》，其篇名分别为：《万松湾散步》《小西湖泛月》《乌石山探梅》《天梯山观瀑》《云岩寺礼佛》《螺江晚眺》《竹韵轩读画》《道真室温琴》《我春室理书》《觉庐祀陶》。该组诗可看作是对寿香社成立以来三十年社事的简略回顾，组诗前的小序对此还作了补充说明：

> 道之今年六十初度，谓予曰："众皆喜人作寿诗，吾独不然。盍将吾二人卅载游踪以诗画纪之，不更愈于寿诗耶?"于是余作纪游诗十首，君就诗意挥画十帧，合成小册，旧踪长留，亦美意延年之祝耳。
>
> （叶可羲《竹韵轩集》）

叶可羲《纪事十首》组诗

寿香社社集时间除了"世所号良辰者"，如正月、花朝、上巳、浴佛节、端午、中秋、重阳外，另加一个"饯春"，再加上各位社友的寿诞之日。

寿香社社集地点与宴饮地点并于一处，多在寓斋，前期多为何振岱的觉庐、王德愔的琴寄室、刘蘅的淇园、叶可羲的竹韵轩、王真的道真室，后期则为叶可羲的竹韵轩、王真的道真室、洪璞的璞园（以老师何振岱在世并主持社事为前期，此后为后期）。

1938 年觉庐雅集，左起：刘蘅、王德愔、叶可羲、何曦、王真。

1948 年淇园雅集，前排左起：友人陈人哲、薛念娟、叶可羲、刘蘅，后排左起：王德愔、王闲、王真、张苏铮。

1957年西湖赏菊雅集，左起：何曦、洪璞、王闲、王德愔、叶可羲、王真、刘蘅。

1962年上巳竹韵轩雅集，前排左起：何维刚（何振岱长子）、苏学雍、邵振绥（二人皆何振岱男弟子），后排左起：叶可羲、洪璞、薛念娟、王德愔。

1976年冬琴寄室雅集，前排左起：王闲、王德愔、友人王孝莹、叶可羲、洪璞。

寿香社社集之诗词写作亦不要求当场完成，而是次集方才交卷，届时彼此间传阅吟诵，品评切磋，好不欢乐。此可谓以诗会友，以友辅诗。

寿香社社集之宴饮方式有较大创新，在秋社由轮值主人包办饮馔的方式之外，推出“各出盘蔬为壶碟之会”（《何振岱日记》1927年农历二月十五日）的新方式，即与会者每人各带一道菜来，拼成一桌筵席。

以下选择寿香社社事的几个片段加以介绍。

一、花朝与饯春

相传农历二月十五日为百花生日（也有说是二月初二、二月十二的），古人称之为花朝。当诗人饱听枕上连夜的春雨，又听到清晨飘荡在幽长小巷里的卖花声，他们便意识到，花朝节近了。旧时花朝这一天，诗人们或名园寻芳，或郊外踏青，每到一处，但见红幄张天，紫茵铺地，仿佛置身于芳菲世界之中，令人流连忘返，便是经过此地的流水也不自觉地放慢了前行的脚步。不过也有一些诗人选择相集寓斋，花果香烛，为花神祝寿，其乐自也融融。

叶可羲《竹韵轩笔记》（未刊）中的一篇文章记下了寿香社前期的一次花朝节书斋雅集，该雅集的活动方式一皆效仿老师当年旅京时的做法：

> 是日也，春阴不散，春寒犹峭。花则桃李辛夷，长春山茶，盆植者位之于屋隅，瓶插者列之于众几，转眼间觉春光之盈轩也。众人复相与整南窗，横木案，以为花神坛坫，燃巨烛，爇沉香，上蔬果，进酒浆，香烛氤氲中，似有神灵，步缓缓兮其来降矣。

文字虽然不多，但为花神庆诞之情形依稀可见。此外，王德愔与薛念娟也各有作品记述当年的花朝小集：

良辰无虚过，虔诚礼金仙。红蜡陈棐几，小炉袅篆烟。春风生斗室，桃李同敷妍。祝增吟笔健，兼延松柏年。知新资师友，稽古思圣贤。所愿盈尊酒，长醉绛纱前。

（王德愔《琴寄室诗词·乙酉花朝同超农侍梅师小宴》）

红烛高然，绿樽低酌，共礼金仙。梅蕊舒寒，丁香解结，春色无边。　　联襟小饮，窗前赏心处，还成绮筵。沉醉深宵，傍灯笑语，人月同圆。

（薛念娟《今如楼诗词·柳梢青·花朝竹韵轩小集》）

寿香社后期花朝社集，为花神庆诞之色彩渐淡，而文酒之欢的气氛独浓。农历癸巳年（1953 年）花朝，寿香社社友“咸集蕙愔阁，作文酒之欢，以《春宵闻雁》命题，各赋七言一绝”（刘蘅《蕙愔阁诗续集自序》）。从现存的刘蘅、叶可羲、王闲三人作品看，这次花朝诗会除了限题目限体裁之外，还限韵，即限押上平声十三元韵。

刘蘅诗曰：

花香月影浸柴门，夜色迷离画水村。唯有雁声无着处，着人心上断人魂。

叶可羲诗曰：

才闻过雁已无痕，销尽春灯黯黯魂。疑是传来天末语，却将凄婉换温存。

王闲诗曰：

春寒料峭掩重门，慵看花阴淡月痕。凄绝长空孤雁语，断肠曾不减啼猿。

一帘淡月酒初温，雁语楼前欲断魂。何处芦汀慎栖止，茫茫人海尽烟痕。

其他社友之同题诗因她们未予保留而皆已失传。当年的评选结果是刘蘅作品夺魁，社友们都说刘诗诗中有画，于是共劝刘蘅作《春宵闻雁图》。越十日而图成。刘蘅见大家兴致不减，征得诸社友的同意，复以《题春宵闻雁图》为题，各赋词一阕，开下一回题画词之局。笔者收集到其中四阕题画词，分别是：

露底一声孤雁，门前几叠青山。空教天半耸峰峦，愁也何曾遮断。　　夜意深怜红烛，词心莫怨春寒。不知何处是人间，只见溪边茅屋。

（刘蘅《西江月》，见《蕙愔阁集》）

水村花月，尽笼烟隔雾，换却秋前雁来路。数声云外杳，早断人魂，魂应绕，旧日妆楼听处。　　篱边空竚立，思冷情孤，肯信红尘有春驻。我亦叹离群，瘦笔零笺，只何限啼鹃心绪。甚淡墨轻绡画中诗，已抵得庾郎一篇愁赋。

（叶可羲《洞仙歌》，见《竹韵轩集》）

春宵好，雁语转凄其，掩卷沉吟人不寐，数声嘹呖听还疑，心绪暗弦知。　　篱边望，天阔水云低。月影花光相旖旎，泪痕墨渖两迷离，幽绝画中诗。

（王真《双调忆江南》，见《道真室集》）

皎月透疏窗，郁郁花香。春宵如为雁声长，惊起幽人千里梦，独自回肠。　　竚立望江乡，烟水迷茫。新诗已喜玉琤琮。更向冰绡描淡墨，仿佛潇湘。

（洪璞《浪淘沙》，见《璞园诗词》）

刘蘅的诗《春宵闻雁》及词《题自绘春宵闻雁图》后来收入《蕙愔阁集》时皆改“春宵”为“江村”，叶可羲的题画词收入《竹韵轩集》时词题亦随改，而王真与洪璞的则未改。

1970年代以后，花朝社集多安排在璞园举行，洪璞有诗记及此事：

随宜饮食聊充腹，取次衣裳仅暖身。每到花朝情倍喜，张罗肴酒款诗人。

（洪璞《璞园诗词·癸丑花朝作》）

农历每年的三月三十日是春季的最后一天，这一天社集是为春天饯行，故曰饯春，亦曰送春。“暮春三月，江南草长，杂花生树，群莺乱飞”，丘迟在这里写的应是三月上中旬的景光。一旦进入下旬，则是另一番景象，雨横风狂，绿暗红稀。到了三十这一天，春夏交替，意味着这一年的春天一去不再复返。自然界的这些现象到了多愁善感的诗人那里，尤其是失意的诗人那里，更是打上个人身世之感。面对眼前发生的一切，他们从之前紫态红情的缠绵中蓦地惊醒过来，哀时光之易逝，伤人生之须臾，叹事业之无成，希望能留住青春，留住朱颜，以成就事业，于是写下无数伤春、惜春、留春的诗词。他们甚至像守岁那样守春：“共君今夜不须睡，未到晓钟犹是春。”（贾岛《三月晦日送春》）何其感人！所以伤春与悲秋一道成了诗词创作中写不尽的永恒的主题。

寿香社饯春社集与其他社集最大的不同是，安排大量的时间用于吟诵，吟诵的都是前人伤春、惜春、留春的诗词，因此几乎成了饯春诗词吟诵会。才女们似乎要将郁积在每个人心中的落魄感、蹉跎感、衰老感，都冲着这一天来倾诉个淋漓尽致。她们仿佛就是一群杜鹃，共同用微弱的声音，坚守着这样一种执着，那就是：“子规夜半犹啼血，不信东风唤不回。”（王令《春晚二首》）笔者至今还耳熟能详她们当年吟诵过的一些宋词名篇名句，诸如：

雨横风狂三月暮，门掩黄昏，无计留春住。泪眼问花花不语，乱红飞过秋千去。

（欧阳修《蝶恋花》）

日边清梦断，镜里朱颜改。春去也，飞红万点愁如海。

（秦观《千秋岁》）

正单衣试酒，恨客里光阴虚掷。愿春暂留，春归如过翼，一去无迹。为问花何在，夜来风雨，葬楚宫倾国。

（周邦彦《六丑》）

更能消几番风雨，匆匆春又归去。惜春长恨花开早，何况落红无数。春且住，见说道天涯芳草迷归路。怨春不语，算只有，殷勤画檐蛛网，尽日惹飞絮。

（辛弃疾《摸鱼儿》）

伤春不在高楼上，在灯前攲枕，雨外薰炉。怕舣游船，临流可奈清癯。飞红若到西湖底，搅翠澜，总是愁鱼。莫重来，吹尽香绵，泪满平芜。

（吴文英《高阳台》）

接叶巢莺，平波卷絮，断桥斜日归船。能几番游，看花又是明年。东风且伴蔷薇住，到蔷薇，春已堪怜。更凄然，万绿西泠，一抹荒烟。　　当年燕子知何处？但苔深韦曲，草暗斜川。见说新愁，如今也到鸥边。无心再续笙歌梦，掩重门，浅醉闲眠。莫开帘，怕见飞花，怕听啼鹃。

（张炎《高阳台》）

呼唤也罢，挽留也罢，最终春天还是如期归去，一刻也不曾稍停脚步。而寿香社的饯春社集也依然年复一年地举办，究其原因，除了吟诵古诗词可以借前人之酒杯，浇自家之块垒外，恐怕还在于它的警醒作用：近而小者，不要荒废了一年中还剩下的九个月的时光；远而大者，不要虚度了青春年华，不要虚度了有限的今生。叶可羲的诗句“年年枉惜春，我春不自惜”（《庭梅花开，同琴寄室主人小饮，感作》），王闲的诗句“饯春自古空惆怅，未必花前着意看”（《辛亥竹韵轩饯春》），均透露了个中消息。

这样的饯春社集，当年除了寿香社，不知还有哪些诗社也曾举办？如今，偌大的中国，遍地的诗社，真不知哪里还能找得到这样的饯春社集！

寿香社饯春社集有时也安排诗词写作，但没有什么佳作产生，还真有好诗词皆被前人写尽的感觉。

二、壶碟会与飞花令

寿香社社集宴饮有一个雅称——壶碟会，它源自老师何振岱当年旅京时师生相聚“各出盘蔬为壶碟之会”的做法（《何振岱日记》1927 年农历二月十五日）。顾名思义，这壶碟会既是壶与碟的聚会：有酒有肴，也是碟与碟的聚会：各出盘蔬，并事先彼此通气，方不至于所出之肴相同。壶碟会又称碟子酒，王真在《壬寅秋日招琴寄、蕙愔、璞庐及闲妹小集道真室，并组诗社，喜赋》诗中回忆道：“吾师何梅叟，最喜碟子酒。忆昔花盛时，花香涌窗牖。一老坐中间，弟子环左右。觞咏各尽情，此乐十年久。”

与当年竹韵轩雅集所用之壶碟极为相似的提壶和拼碟（约清末民国间制）

壶碟会让社集的轮值主人从厨房中解脱出来，也使得所有与会的人吃得心安。当年陈衍在北京组建诗社，规定由轮值主人承办宴饮，1910 年的上巳社集，轮到陈衍和江瀚一道当主人，约定白天齐集天宁寺，晚间饮于陈衍的寓斋小秀野草堂。陈衍因为要料理晚间的饮馔，天宁寺便去不了，只好委托江翰到寺中招待社友。虽然说“石遗精庖，节庵（梁鼎芬）夸为冠绝”（《石遗室诗话》卷二），但社友们总觉得吃得于心不安。寿香社社集宴饮方式的这一改变则让所有与会的人玩得心安，吃得也心安。但寿香社并没有完全取消由轮值主人包办饮馔的方式，偶尔也有由轮值主人来包办的，比如正月里彼此之间互请春酒，就都由轮值主人来包办。

都下小秀野草堂，20 世纪初陈衍旅京时的住所，也是一众诗友雅集的好地方。

壶碟会同时也成了社友们比试烹调手艺的集会，大家都想方设法烹制美味佳肴，好让众社友一快朵颐。社友中王德愔的烹调手艺最精，她带来的菜大家公认最佳。1970 年代，物质匮乏，王德愔烹制的素菜“油渍香菇”“磨笋”还是赢得了满堂彩，被认为美味胜过荤菜。王德愔平日喜读说部之书，每遇叹为观止者，辄留心记下，到了社集时不忘于宴席间娓娓述来，与社友们分享其乐。这样一位让大家既过足舌尖之瘾又过足耳根之瘾的大姐，无疑深受众社友的欢迎，叶可羲《琴寄室诗词序》中提到“文酒之会，座无君不欢”，诚非虚言。

有宴饮就有行酒令的需求，寿香社行的酒令有诗句令、花枝令和规矩令等。

先说诗句令。诗句令最常行的是飞花令，大概是因为带花字的诗句最多的缘故吧。飞花令常用“春城无处不飞花”起令（有时也用“一片花飞减却春”起令），起令者为本次社集的轮值主人，从他起往右数到第七位止（因为在“春城无处不飞花”这句诗中“花”居第七个字），于是就由这第七位的人接令，他要接着再念一句带花字的诗句，比如“名花倾国两相欢”（用五言带花字的诗句接令也行），那么再往右数，由第二位的人接令，如此循环下去。已经出现过的诗句不能再使用。如果接令的人念不出带花字的诗句，那么就要被罚酒。由于旧诗中带花字的诗句多如牛毛，所以不至于很快就出现有人因接不上令而被罚酒的现象。除了飞花令，春花秋月这四个字中的其他三个字也行过令，分别称之为迎春令、送秋令和邀月令。

再说花枝令。花枝令即击鼓传花，这一酒令雅俗都在用，读者想必熟悉，就不作介绍了。

最后说规矩令。规矩令是先定出一个规矩，然后大家都按照这规矩来执行，谁执行错了就是违反了规矩，谁就要被罚酒。规矩一般都很简单，譬如《奴厝矮矮土地公》一令，规矩是这样定的：用手掌自拍胸部代表“奴”（奴即我），用手指指向屋顶代表“厝”，用手掌向下压代表“矮”，压得再低一些代表第二个“矮”，努嘴做要吐东西的样子代表“土”，用脚猛地踩一下地板代表“地”，用双手做捋胡子动作代表“公”。虽然每个动作完成起来都不难，但速度快了难免会出岔子。特别是做第二个“矮”这一动作，因为要求比第一个“矮”要来得低，就常常让接令者闹出笑话来。

三、诗钟与诗牌

清末民国时期福州诗社遍地开花，但绝大多数诗社都是冲着诗钟而来的。陈衍《秋社吟集叙》曾谈及此事：“里中人喜结诗社，为嵌字两句诗，世所谓诗钟，亦名折枝者也。”寿香社前期社集虽有娱乐与功课兼顾的宗旨，但老师何振岱认为诗钟不但无益而且有害于学诗，所以前期社集几乎不安排诗钟。到了后期，随着社友一个个相继步入老年，社集遂逐渐告别功课而成为纯娱乐活动，于是诗钟也偶尔为之。

笔者当年曾参加寿香社的诗钟活动，经历了活动的整个过程，对诗钟感受颇深，其情其景，确如《诗钟谭》所描述的那样：

> 有袖手默坐、两目直视者，有搓掌拊心、徐行微步者，有支颐戚（戚疑当作蹙）额、口中呻吟、如发头方（方疑当作风）者，有俯身跷足、前后摇动、如患腹痛者，有搔首向天者，有戟指书空者。笔欲落而忽止，字已写而又涂。倘若文章天成，妙手偶得，不禁点头微笑，乐不可支。文若大体已定，一字未安，则复渺虑澄思，如僧入定。种种形状，难写难周，总不外乎措思之深，用心之细。及至香

炉墨痕弱线烧断，金钱下撞，铜盘有声，斯所谓诗钟鸣矣。联吟成否，一齐撤卷。于是惊回迷梦，收拾残魂，谈笑风生，彼此评议，互相推重，欢然一堂。

（转引自黄乃江《台湾诗钟研究》）

起源于福州的诗钟能风靡全国，广受诗人们的喜欢，原因就在于它确有魅力。

寿香社的诗钟活动已不再沿袭传统的燃香及金钱坠盘的做法，代之以闹钟报时。由于她们视活动为纯粹的娱乐，所以作品亦不甚受重视，过后很快就散失了。记得某年重阳节诗钟社集，命题为“日”“中”第四唱，笔者所作一联云：“壮怀海日驱云雾，老计山中伴鹤猿。”获得较好的名次。

寿香社社集还有一项活动为玩诗牌，也就是做集字诗。在介绍如何玩诗牌之前，有必要先介绍一下诗牌。

笔者当年曾在竹韵轩玩过诗牌。该诗牌以鸡翅木为之，每枚左右长约 2.5 公分，上下宽约 1.8 公分，厚约 0.6 公分，呈长方体。正面刻一个汉字，背面则刻该字所属的韵部，字皆为赵体，阴文。譬如正面刻“诗”字，背面则刻“四支”二字，字略小于“诗”字，表明“诗”字属平水韵上平声“四支”韵。生僻字不收，平声字与仄声字所上颜色不同，平声字的上绿色，仄声字的上红色。平声字与仄声字分开拼盘，每一百枚牌拼成一盘，平、仄声字各五盘，共十盘，装入一个箱子中。

诗牌的玩法是，参加者每人分得平仄字牌各一盘，各人就所分得的字牌，在限定的时间内，集成一首绝句，是五言还是七言，玩前先约好。诗成后，用白纸蒙于诗牌上，再用黑色蜡笔在纸上来回摩擦，待整首诗都呈现出来，拓片便算完成了。拓片的份数视人数而定，如果参加者共五人，则要出五份拓片，以便评定。接下来将所有人的拓片汇集起来，分成若干份，参加者人手一份，大家一道来评出名次。一副诗牌只能满足五个人玩，若玩的人多于五个人，就需要两副诗牌。如果玩的人不多，但要求大家集出的是一首律诗而不是一首绝句，同样也需要两副诗牌。

前几年出现在福州市面上的一副清代木诗牌，平声字上绿色，仄声字上白色。

诗牌这一游戏或受南朝梁周兴嗣集《千字文》的启发，据唐人李绰《尚书故实》记载：

> 《千字文》梁周兴嗣编次而有右军书者，人皆不晓其始。乃梁武教诸王书，令殷铁石于大王书中拓一千字不重者，每字片纸，杂碎无序。武帝召兴嗣，谓曰："卿有才思，为我韵之。"兴嗣一夕编缀进上，鬓发皆白，而赏赐甚厚。

周兴嗣将一堆杂碎无序的字片编缀成韵文，玩诗牌者将盘中杂碎无序的字牌编缀成诗，二者确实非常相似。《梁书》与《南史》中的《周兴嗣传》俱提及梁武帝让周兴嗣成《千字文》一事，如《梁书》曰："自是《铜表铭》《栅塘铭》《北伐檄》《次韵王羲之书千字》并使兴嗣为文，每奏，高祖辄称善，加赐金帛。"但二书都没有周兴嗣一夕缀成《千字文》的记载。

诗牌偶尔也能集出一两句好诗来，但要整首都好便很难，因此只能算是消遣时光的一种高级游戏而已。王渔洋很瞧不起这种游戏，批评说："近士大夫竞以诗牌集字，牵凑无理，或至刻之集中，尤可笑。"（王士祯《香祖笔记》卷七）

附录：旧时文人雅集常用的酒筹与酒筹筒

酒筹

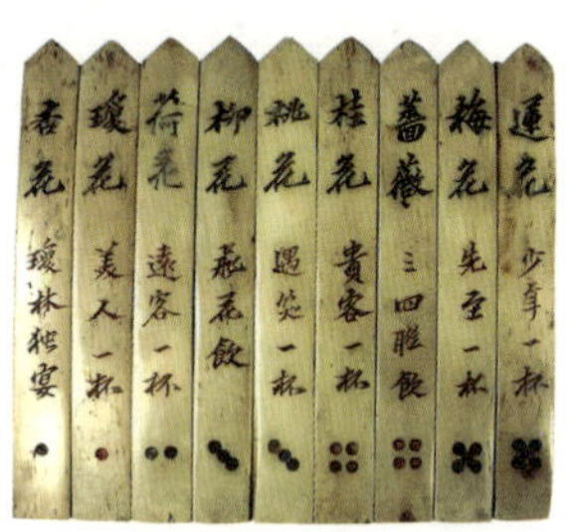

清末民初象骨酒筹（该图片来自网络）

酒筹筒

晚清木雕酒筹筒一对，筒身分别用篆书、草书雕刻同一首诗：“我有旨酒、式燕且喜。善戏谑兮，维其令仪。”筒内的酒筹不知下落。

第五章　才女们的吟诵：黄鹂声漾白芙蕖

一、古代文人吟诵

寿香社才女们的吟诵是古代文人吟诵的延续，因此在介绍才女们的吟诵之前，有必要先介绍古代文人吟诵。文人吟诵起源于后汉魏晋的“洛下书生咏”，成熟并鼎盛于唐宋，延续于元明清，进入民国已日渐式微，后乃濒于消亡。虽然如此，其前后约一千九百年的历史亦可谓悠久。

那么何谓文人吟诵呢？笔者综合了唐代诗人对诗歌吟诵特点的种种论述，并结合自身早年听到的从民国过来的本地文人的吟诵，尝试着给这种吟诵做如下的解释：文人吟诵，即文人操某种汉语方言，套用某种现成的吟诵调，自由随意地吟诗、吟词、吟文，以达到抒发情感、精读作品、创作诗文、自娱互娱的目的。下文以吟诗为例，对这种吟诵做具体的介绍。

操某种汉语方言。如洛咏（洛下书生咏）操的是洛语，陈寅恪称之为洛阳都邑雅音（陈寅恪《从史实论切韵》），吴吟操的是吴语，越吟操的是越语，等等。洛语在当时固然是官话，但它的实质仍然是一种方言。

套用某种现成的吟诵调。吟诵调与语言一样，因地域不同而不同，李白《经乱后将避地剡中留赠崔宣城》云："闷为洛生咏，醉发吴越调。"可见一斑。一种吟诵调的源头来自于当地前辈文人创作的吟诵腔调，由于它得到后人的认可，于是一代代沿用并完善下来，成为一种基本的吟诵调，后人只是在这基础上稍作变化而已。譬如，陈寅恪认为"东晋以前洛阳之太学生以诵读经典之雅音（此音字指语音而言，非谓音乐也）讽咏诗什"（陈寅恪《从史实论切韵》），即东晋以后（含东晋）洛下书生咏的源头。另外，笔者以为陆机当年歌《吴趋行》的腔调，可能就是后来吴吟的源头。顾恺之"为吟咏，自谓得先贤风制"（《晋书·文苑传·顾恺之传》），顾恺之乃吴人，其心目中的"先贤风制"，即指吴吟而言。陈寅恪说："长康（顾恺之字长康）自谓得先贤风制，岂即指谢安以前之旧规欤?"（陈寅恪《从史实论切韵》）恐怕未必然，因为"恺之矜伐"（《晋书·文苑传·顾恺之传》），如果他得到的是"谢安以前之旧规"即正宗的洛生咏，势必立马吟诵，炫耀一番，而不是拒绝之。因此，"先贤风制"实指吴吟而言。又如宋人李壁注释王安石的《东皋》诗“吴吟得自怡”一句云：“吴吟，如《吴趋行》之类。陆机《吴趋行》曰：‘四坐并清听，听我歌吴趋。’”李壁在此也是将陆机之歌《吴趋行》视作吴吟之源头。至于套用，即吟诗之人套用他之前从老师或前辈那里听来学到的腔调，具体说来，就是五言古诗套用五言古诗的腔调，七言古诗套用七言古诗的腔调，五七言律绝及四言古诗亦然。

自由随意地唱。文人吟诵因为所套用的吟诵调并无乐谱可循，只是靠吟诵者依据之前听来学到的腔调仿其大概来吟诵，故而自由随意，不受约束，可以尽情发挥。不仅同一位老师传授出来的几个学生，其吟诵效果彼此不同，就是同一个人同一时间吟诵同一首诗两次，其吟诵效果前后两次也并不完全相同。究其原因，只为无谱。笔者记得曾咨询过叶可羲老人，当年何振岱教她吟诵，是否有乐谱之类的东西，她说没有，就是老师吟学生听，听多了自然而然也就学会了。

达到抒发情感、精读作品、创作诗歌、自娱互娱的目的。下文仍以诗为例加以说明。

首先，吟诵可以倾诉心声，表达欢乐，排遣忧闷，无论是喜情还是悲情，都可以借助吟诵来抒发。

忽然高咏涕泗涟。

（李白《玉壶吟》）

但觉高歌有鬼神，焉知饿死填沟壑。

（杜甫《醉时歌赠郑广文》）

披怀始高咏。

（韦应物《西郊养疾，闻畅校书有新什见赠，久伫不至，先寄此诗》）

吟咏心自愉。

（柳宗元《读书》）

吟此可达观。

（元稹《遣病》）

闷发每吟诗引兴。

（白居易《自咏》）

朗吟孤愤平。

（刘禹锡《秋江早发》）

吟诵自己的诗歌是直接抒情，吟诵他人（含古人和今人）的诗歌是间接抒情，总之，其目的都是抒情。

其次，吟诵是理解、玩味即精读古人和今人诗作的有效手段。

忽吟陶渊明，此即羲皇人。心放出天地，形拘在风尘。

（孟郊《奉报翰林张舍人见遗之诗》）

我吟杜诗清入骨，灌顶何必须醍醐。

（崔珏《道林寺》）

爱君有佳句，一日吟几回。

（岑参《梁州对雨，怀麴二秀才，便呈麴大判官，时疾，赠余新诗》）

吟君诗罢看双鬓，斗觉霜毛一半加。

（韩愈《答张十一功曹》）

昨夜江楼上，吟君数十篇。词飘朱槛底，韵坠渌江前。清楚音谐律，精微思入玄。收将白雪丽，夺尽碧云妍。寸截金为句，双雕玉作联。八风凄间发，五彩烂相宜。冰扣声声冷，珠排字字圆。文头交比绣，筋骨软于绵。澒涌同波浪，铮鏦过管弦。醴泉流出地，钧乐下从天。神鬼闻如泣，鱼龙听似禅。星回疑聚集，月落为留连。雁感无鸣者，猿愁亦悄然。交流迁客泪，停住贾人船。暗被歌姬乞，潜闻思妇传。斜行题粉壁，短卷写红笺。肉味经时忘，头风当日痊。老张知定伏，短李爱应颠。

（白居易《江楼夜吟元九律诗成三十韵》）

尽日吟君咏菊诗。

（白居易《禁中九日对菊花酒忆元九》）

新诗不觉千回咏。

（贾岛《黎阳赠姚合》）

以上几位诗人的诗句，都表明吟诵是理解、玩味他人（含前人与同时人）诗作的有效手段，尤其是白居易的《江楼夜吟元九律诗成三十韵》一诗，采用比喻、铺陈等手法，交替着对元诗的特色，诸如声韵铿锵、词彩华丽、感人至深等加以描述，这是他借助吟诵而对元诗有了深入透彻的理解的绝好证据。

再次，诗歌创作的整个过程都离不开吟诵。诗歌创作从成句到成章，再到修改润色定稿，包括词语的推敲，声律的谐调，自始至终都离不开吟诵。

赋诗歌句稳，不免自长吟。

（杜甫《长吟》）

新诗改罢自长吟。

（杜甫《解闷十二首》）

苦调竟何言，冻吟成此章。

（孟郊《苦寒吟》）

一日不作诗，心源如废井。笔砚为辘轳，吟咏作縻绠。

（贾岛《戏赠友人》）

吟安一个字，捻断数茎须。

（卢延让《苦吟》）

到晓改诗句，四邻嫌苦吟。

（刘得仁《夏日即事》）

最后，诗友雅集时的吟诵，是彼此之间的交流和娱乐，既是自娱，也是互娱。

连唱波澜动。

（高适《陪窦侍御灵云南亭宴诗》）

把酒吟诗待尔同。

（韦应物《简陟、巡、建三甥》）

留咏日偏长。

（元稹《夜合》）

吟哦不能散。

（白居易《和寄问刘白》）

对吟忘膳饮。

（韩愈《和侯协律咏笋》）

人吟我听，我吟人听，彼此借助吟诵来娱乐，此谓互娱。白居易在《与元九书》中生动地记下了他与元稹“同处则以诗相娱”的感人情景：

如今年春游城南时，与足下马上相戏，因各诵新艳小律，不杂他篇，自皇子陂归昭国里，迭吟递唱，不绝声者二十里余。樊、李在傍，无所措口。知我者以为诗仙，不知我者以为诗魔。何则？劳心灵，役声气，连朝接夕，不自知其苦，非魔而何？偶同人，当美景，或花时宴罢，或月夜酒酣，一咏一吟，不觉老之将至，虽骖鸾鹤、游蓬瀛者之适，无以加于此焉，又非仙而何？微之！微之！此吾所以与足下外形骸、脱踪迹、傲轩鼎、轻人寰者，又以此也。

文人吟诵不是艺术表演，不是为了悦人耳目，而是抒发一己之情感，因此说它的功能主要是娱己。但是雅集时的吟诵则可以在同道知己之间引发共鸣，所以说也是互娱。古代文人相会，除了赋诗为乐，一般还会接着安排吟诗听诗，以助其兴。这种风气在盛中唐时期也达到高峰，如杜甫《夜宴左氏庄》“诗罢闻吴咏”，《题郑十八著作丈故居》“诗罢能吟不复听”，等等。有时相会则只安排吟诗听诗而未安排赋诗，似乎吟诗听诗的乐趣并不亚于赋诗。如杜甫《陪郑广文游何将军山林十首》之九“床上书连屋，阶前树拂云。将军不好武，稚子总能文。醒酒微风入，听诗静夜分。絺衣挂萝薜，凉月白纷纷”，未提及赋诗。《夜听许十一诵诗爱而有作》“诵诗浑游衍，四座皆辟易”，从诗题到诗句都只提诵诗与听诗。此外，白居易的诗句“闲征雅令穷经史，醉听清吟胜管弦”，“听吟偶置觞”，“听吟歌暂辍”，“听诗韵似金”，“听咏秦城旦”，刘禹锡诗句“狂吟满座听”，等等，均可为证。到了晚唐也是如此，段成式的一段文字让人仿佛看到当时盛大的吟诵场面：

《酉阳杂俎》云："……因说故相牛公扬州赏秀才蒯希逸诗'蟾蜍醉里破，蛱蝶梦中残'，每坐吟之。予因请坐客各吟近日为诗者佳句，有吟贾岛'旧国别多日，故人无少年'。马戴'猿啼洞庭树，人在木兰舟'，又'骨销金镞在'。有吟僧无可'河来当塞断，山远与沙平'，又'开门落叶深'。有吟张祜'河流侧让关'，又'泉声到池尽'。有吟僧灵准'晴看汉水广，秋觉岘山高'。有吟朱景玄'塞鸿先秋去，边草入夏生'。予吟上都僧元础'寺隔残潮去'，又'采药过泉声'，又'林塘秋半宿，风雨夜深来'。……"

（计有功《唐诗纪事·段成式》）

至于套用现成吟诵调的吟诵方法是否在盛中唐时期就已流行了呢？笔者没有看到盛中唐诗人正面谈及这个问题的文字，但是从他们侧面描述吟诵的文字中可以得到间接的印证。譬如：

诗罢闻吴咏。

（杜甫《夜宴左氏庄》）

诗罢能吟不能听。

（杜甫《题郑十八著作丈故居》）

酒散更无同宿客，诗成长作独吟人。

（白居易《郡中闲独，寄微之及崔湖州》）

诗会中的诗歌创作甫一结束，立马就要进入吟诵，显然没有时间给诗歌合乐即谱曲，因此只能套用现成的吟诵调。又如：

昨夜江楼上，吟君数十篇。

（白居易《江楼夜咏元九律诗成三十韵》）

《张十八员外以新诗二十五首见寄，郡楼月下，吟玩通夕，因题卷后，封寄微之》

（白居易《白氏长庆集》）

吟君遗我百篇诗。

（刘禹锡《翰林白二十二学士见寄诗一百篇，因以答贶》）

收到诗友寄来的大量诗作，总不可能先一一为之合乐，然后再吟诵，因而也只能是套用现成的吟诵调来吟诵。

二、何氏吟诵腔

寿香社才女们的吟诵正是延续了以上所述之已有近两千年历史的古代文人吟诵，她们的吟诵皆传腔于老师何振岱，至于何振岱传自何人，已不得而知（估计是晚清福州地区的文人），故暂且将此吟诵腔寄在何振岱名下，取名何氏吟诵腔。何振岱于各种文学体裁皆能吟诵，但他对自己的词的吟诵腔似乎特别满意，他在《次夕德愔同诸友集小斋宴饮唱词》诗二首之一中写道：

> 灯明酒熟唱诗余，海宇新讴总不如。记得圣湖春欲暮，黄鹂声漾白芙蕖。凡唱诗余，以吾乡音为最。

“海宇新讴总不如”，是说民国时期的流行歌曲也不如用福州方言吟诵诗余来得好听。而“凡唱诗余，以吾乡音为最”，是说与用其他方言吟诵诗余相比，用福州方言吟诵诗余听起来最美。至于“记得圣湖春欲暮，黄鹂声漾白芙蕖”二句，似乎同前两句没有什么关联，笔者当年曾就此请教过叶可羲老人，方知这后两句诗原来还有一段故事，故事与何曦、王真、王闲三人有关。1923 年春，陈曾寿在杭州西湖之陈庄听了何曦、王真、王闲三人吟诵诗余，夸奖她们三人犹如白芙蕖般招人喜欢，她们的吟诵犹如黄鹂鸣叫般悦耳动听。二十五年后，何振岱听了诸位女弟子唱词，触景生情，檃栝当年陈曾寿的话成“黄鹂声漾白芙蕖”，流露出“芝兰玉树，生于庭阶”的喜悦之情。

“黄鹂声漾白芙蕖”，白芙蕖即白莲花，用黄鹂落在白莲花上悠闲自在地发出悦耳动听的鸣叫声，来形容年轻女子吟诵时发声之委婉甜美，极为恰当，极为传神。以白莲花形容年轻女子白皙的脸庞，出自梁元帝的《采莲赋》“莲花乱脸色”。以黄鹂的鸣叫声形容年轻女子的吟诵声，出自宋人张炎的《词源》

“簸弄风月，陶写性情，词婉于诗。盖声出莺吭燕舌间，稍近乎情，可也”。

笔者少年时代就从外祖姑叶可羲的竹韵轩雅集即寿香社雅集中接触到何氏吟诵腔，并向叶可羲学习何氏各种文学体裁的吟诵。“萧萧清籁鸣庭柯，窗前听我吟诗歌”（《竹韵轩集·鲁禾外侄孙二十初度赋赠》），叶可羲的诗句写的正是当年竹韵轩中她给笔者传授何氏吟诵腔的情景。后来，笔者也曾下过功夫琢磨研究何氏的诗余吟诵，终于悟出其意群停顿的吟诵特点。什么是意群，什么是意群停顿呢？大凡完整的一句话按意思和结构可以分成若干个组成部分，这每一个组成部分就是一个意群，划分一句话的意群将有助于人们理解这一句话。而所谓意群停顿即停顿在意群之间进行，句读其实就是大的意群，因此意群停顿也就包含了句读停顿。吟诵与朗诵的最大不同就是除了句读停顿外，增加了许多意群停顿，于是不少字的音节需要拉长，形成拖腔，类似歌曲和戏曲，只是歌曲和戏曲中的拖腔取决于声腔，而非取决于意群，这是它们不同之处。试以苏轼的《水调歌头·中秋》为例，分析其间的意群（两个意群之间用符号“|”隔开，表示停顿，句读除外）：

明月|几时|有，把酒|问|青天。不知|天上|宫阙，今夕|是|何年。我|欲|乘风|归去，又恐|琼楼|玉宇，高处|不胜|寒。起舞|弄|清影，何似|在|人

间。　　转｜珠阁，低｜绮户，照｜无眠。不应｜有恨，何事｜长向｜别时｜圆。人｜有｜悲欢｜离合，月｜有｜阴晴｜圆缺，此事｜古｜难全。但愿｜人｜长久，千里｜共｜婵娟。

其中不少的意群都是单字，两个单字意群相邻，有时不妨并为一个意群来吟诵，前提是不会产生歧义，如“我欲”“人有”等等。

至于有些字为配合意群停顿而需要拉长音节，现仍以苏轼的《水调歌头·中秋》为例，取上半阕分析于下，需要拉长音节的字在其后标以符号“——”：

明月—｜几时—｜有—，把酒—｜问｜青天—。不知—｜天上｜宫阙—，今夕—｜是｜何年—。我｜欲｜乘风—｜归去—，又恐｜琼楼—｜玉宇，高处—｜不胜—｜寒—。起舞｜弄｜清影—，何似—｜在｜人间—。

意群停顿也适用于古文的吟诵。至于诗歌，则情况较为复杂。五七言古诗的吟诵节奏快，需要拉长音节的字极少，意群停顿的特点就不明显。而七言律绝的吟诵节奏较诗余更慢，需要拉长音节的字往往要拉得更长，而且常常会用上诸如啊、咿、呜之类的垫音，所以也用得上意群停顿，只是有少数地方不得不打破意群停顿的规律。以七绝为例，大凡平起的句子，其意群结构为“○○｜○○｜○｜○○”的，吟诵时便要打破意群停顿的规律。如李白《黄鹤楼送孟浩然之广陵》第二句，其意群结构本为“烟花｜三月｜下｜扬州”，但实际吟诵中要处理为“烟花—｜三月—｜下｜扬—｜州—”，若按意群停顿来吟，便觉拗口而吟不下来。岑参《逢入京使》第四句亦然，其实际吟诵要处理为“凭君—｜传语—｜报｜平—｜安—”。

才女们对自己的吟诵虽然没有意群停顿的说法，但她们在吟诵中却都遵循了这一规律。如叶可羲吟诵晏几道的《临江仙·梦后楼台高锁》，其中“去年春恨却来时”一句，她是这样停顿的：去年｜春恨｜却来｜时，与笔者“去年｜春恨｜却｜来时”的停顿不同，请教她，她说“却来”二字是“再来”的意思，不能分开，作“却｜来时”停顿，说不通。又如叶可羲为笔者吟诵辛弃疾的《永遇乐·千古江山》，特别强调歇拍那句“凭谁问，廉颇老矣，尚能饭否”的停顿切勿掉以轻心，其中“尚能饭否”的意群停顿应作“尚｜能饭｜否”。她说，“能饭”即善饭（善饭见《史记·廉颇蔺相如列传》“廉将军虽老，尚善饭”），善饭是饭量很大的意思，该列传称“廉颇为之（指赵王的使者）一饭斗米，肉十斤，被甲上马，以示尚可用”，就是明证。如果处理为“尚能｜饭否”，则是问廉颇还能不能吃饭，那就错了。善于吃饭，饭量很大，方能上战场打胜仗，这无疑才是赵王所关心的。而能吃饭只说明身体还可以，不至于行将就木而已，显然这不是赵王要问的。还比如刘蘅吟诵张炎词《高阳台·西湖春感》的“能几番游”四字，她的停顿就很讲究，“能”字一顿，“几番”拉长，再收到“游”。

正确划分意群是建立在正确理解作品的基础上，辛词“尚能饭否”之所以会划分错误，其主要原因是对“能”字的理解出了偏差，“尚能饭否”中的“能”字是善于、擅长的意思，而非能够、会的意思。施蛰存对辛词“尚能饭否”亦理解有误，他在《怀古咏今　沉郁悲壮——读永遇乐京口北固亭怀古》一文中这样写道：“可是，谁来打听廉颇还能不能吃饭呢?”（《辛弃疾词鉴赏》，齐鲁书社 1988 年版）智者亦难免一失，可以不慎哉！

既然正确划分意群是建立在正确理解作品的基础上，那么，如果吟诵中能够正确处理意群停顿，也就意味着已经正确地理解了作品。叶可羲说，当年她教高中学生学宋词，就教过他们吟诵，而且小测也只考吟诵。笔者以为，这同古文考试考断句，道理是一样的。

三、才女们的吟诵

吟诵是寿香社雅集必不可少的一项活动，可以没有可口的菜肴，可以没有悦目的风景，唯独不可以没有开怀的吟诵。吟诵的对象可以是诗，可以是词，也可以是文。吟诵的方式可以是独吟，可以是合吟，也可以是联吟（一人一句地接着吟）。叶可羲在《何梅叟先生传》一文中，记下了当时每年腊月二十三日诸弟子吟诵姜白石之《暗香》《疏影》为老师祝寿的情景："负墙红梅两株，花时吹香满庭，诸弟子恒具杯盘于花前，唱白石道人之《暗香》《疏影》为先生寿，洵韵事，亦盛事也。"其情其景，让人神往。

据王真《觉庐侍谈录》记载，寿香社重建后不久，老师何振岱就为诗社雅集时的吟诵做了精心的谋划："师谓唱词诚天籁，非凡响也。拟选六七十阕付录，俾门人各能熟十阕，文酒时聚唱，足以永半日之娱。"寿香社雅集时吟诵诗余从此便延续不断。何振岱写于 1948 年的《次夕德愔同诸友集小斋宴饮唱词》诗二首之二"尔曹光景恰中年，我鬓当花丑亦妍。绿蚁未妨深盏醉，银蟾好趁十分圆"，虽然不无"对酒当歌，人生几何"的感慨，但主要的还是流露出师生相聚一觞一咏的喜悦。

老来雅集自然少了，无奈久不聚吟，便觉难受，于是同住三坊七巷的叶可羲、洪璞、王闲相约为三人吟诗会，并说好届时即便是雨横风狂，亦不改期。一次，吟诗会遇上了狂风骤雨，但依然没有一人爽约。这让家住北门的王德愔着实地羡慕不已："三人有约共温诗，风雨虽狂不改期。漫道文章传千载，先教时世唤书痴。"（王德愔《叶洪王三友约会温诗，风雨无阻，赋此嘲之》）叶、洪、王三人的吟诗会让笔者由此联想起白居易的诗"好句无人堪共咏，冲泥踏水就君来"（白居易《雨中携元九诗访元八侍御》），并惊讶一古一今何其之相似。虽然二者相去一千余年，其间“王母桃花千遍红，彭祖巫咸几回死”，唯独这文人情怀传承不变，依旧是那样的雅韵欲流。

才女们在家如此，出门在外如条件允许，同样也忘不了吟诵。1942 年，薛念娟、张苏铮、施秉庄三人随学校迁山城南平，时值抗战期间，山河破碎，家人离散，满腔忧愤。于是课徒之余，三人常借吟诵来排遣愁懑，“横舍灯火共，连墙吟声酬”（陈海瀛《九月念三日浣桐生朝兼为菊会，酒次谈及念娟、

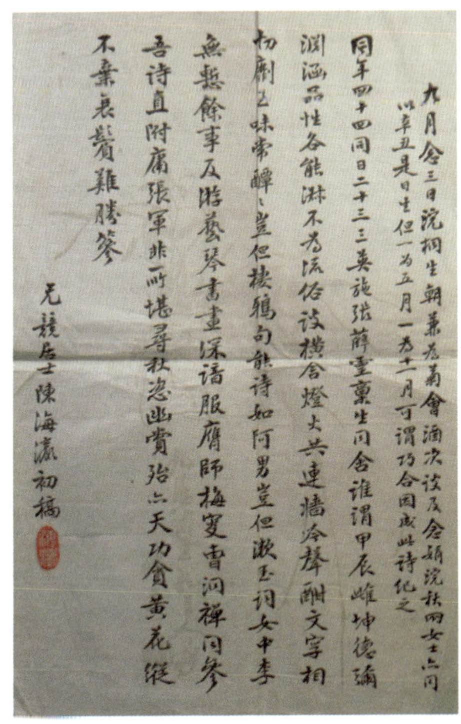
九月念三日浣桐生朝兼為菊會酒次談及念娟浣秋四女士亦同
以辛丑是日生但一為五月一為十一月可謂巧合因成此詩紀之
同年四十四同日二十三三英施張薛靈稟生同舍誰謂甲辰雌坤德論
淵涵品性各能淋不為流俗設橫舍燈火共連墻吟聲酬文字相
切劘之味常醰醰豈但樓鴉句能詩如阿男豈但漱玉詞女中李
無慙餘事及游藝琴書畫深諳服膺師梅叟雪洞禪同參
吾詩直附庸張軍非所堪尋秋恣幽賞殆亦天功貪黃花縱
不棄衰鬢難勝簪
无競居士陳海瀛初稿

“横舍灯火共，连墙吟声酬。”

浣秋两女士亦同以辛丑是日生，但一为五月，一为十一月，可谓巧合，因成此诗纪之》)，这是“幽忧而读书，可以当金石琴瑟”的生动写照。

寿香社才女们的吟诵，笔者有幸听到其中的八人，除了张苏铮和施秉庄。八人的吟诵，虽然同一师承，但由于各人秉赋不同，风格亦不尽相同，或高亢明亮，或低沉委婉，各有各的面目。八人之吟诵给笔者印象最深的是叶可羲、王真、王闲，有关叶可羲的已见前述，兹述王闲、王真二人。

王真、王闲姐妹二人的吟诵腔皆饶有京剧麒派老生唱腔的味道，她们那苍劲浑厚又略带沙哑的嗓音，让人听来颇有“云遮月”般的感受。先说王闲。笔者对王闲吟诵之所以印象深刻，其实主要源自“记得圣湖春欲暮，黄鹂声漾白芙蕖”二句诗背后的故事，而王闲应该说是故事中的主角。王闲亲口告诉笔者，1922年秋，第二次闽粤战争爆发，其父王寿昌与老师何振岱各携家人避兵到上海。次年农历二月中，她与何曦、王真一道，随老师何振岱从上海来到杭州。先是饱览了湖光山色，后又择日泛舟至西湖定香桥边的陈庄，在柳阴深处的苍虬阁，拜访了陈曾寿先生。宾主相见甚欢，谈诗论画，其乐融融。兴致到了高处，各以乡音吟诵诗余，她们三位年轻女子也各吟了一首词。当时王闲年方十七，她吟唱的是柳永的《雨霖铃·寒蝉凄切》一词，这无意间应上了古人标榜之“十七八女郎，执红牙板，歌‘杨柳岸晓风残月’”之最佳组合。陈曾寿当时即连声夸好，还说无红牙板更佳（意即高雅不俗，远在职业歌女与艺人之上）。这让王闲倍感知遇之恩，因为陈曾寿对之前的何曦、王真二人的吟诵仅颔首而已。“自过高楼后，偏惭见爱深。……瞻言何必旧，数面已欢心”，王闲的《陈庄》诗句，写出了她当时欣喜过望的心情。

1923年自杭州西湖返沪摄于沪上照相馆。左起：王真、何曦、王闲。

笔者听王闲的吟诵始于20世纪60年代后期，那时王闲已是年过六十之媪。当笔者听到何氏诗句背后的故事后，便特别留意于王闲的吟诵。然而让笔者颇感意外的是，尽管她仍有意无意地常常挑那首《雨霖铃》来唱，但总是叫笔者怎么也品味不出那期待与想象中的莺歌燕语般的委婉与轻柔，她那苍劲浑厚的嗓音，似乎更适合吟诵苏学士的“大江东去”。都说岁月脸上老，其实人之声音同样也不能幸免，可发一叹！

光禄吟台，北宋以来福州历代诗人赋诗吟诗的好去处。

再说王真。王真吟诵讲究坐姿，先盘膝而坐，再挺直腰板，犹如打坐，她说这是为吟诵时用丹田之气做准备。吟诵尚未开始，就见其双眸已然微闭，吟到动情处还不时地摇头晃脑，说这是进入了作品。一次，她吟苏轼词，正进入作品不久，忽听得在座某晚辈不禁哧哧发笑，便停下吟诵解释道：“唱苏学士词我便是苏学士，唱柳郎中词我便是柳郎中。唱戏有入戏一说，唱词自然也有入词之说，明白了没有？”说罢双手做苏学士捋髯状，此举引来哄堂大笑。

笔者至今回忆起王真当年吟诵时的情景，犹恍若隔日，乃至如在眼前，其气贯虹，其声如钟，那气场与声波，直震得竹韵轩前翠竹的枝叶簌簌作响，洵可与有声震屋瓦之称的民国京剧名净金少山一决高下。为此众人都说这是长寿的征兆，孰料王真却成了十才女中第一个遽归道山之人，人事之不可捉摸如是，夫复何言！

有关才女们的吟诵尚有一事也让笔者印象极深，那就是平日雅集时的吟诵，所吟多是应时应景的诗词，如前章所述之饯春雅集便是一例。唯有一次例外，那就是每年农历六月王德愔寿辰的雅集，此日天气酷热难耐，于是众人吟诗则挑“蝉鸣黄叶汉宫秋”“无边落木萧萧下”等，唱词则选“高树晚蝉，说西风消息”，“昨夜西风凋碧树”等，大家一个劲地往秋天唱去，你一首，我一阕，大有唱尽咏秋诗词秋便来之势。只是此举殊不知要冷落了古今多少描写夏景的诗词佳作，因为寿香社每年夏季里仅有这么一次雅集，此日不吟，便没有了吟诵的机会。才女们人虽老而童心不泯，可发一噱。

1979 年 4 月众人在竹韵轩灌制吟诵录音磁带后留影。坐者左起：洪璞、叶可羲、何知平、刘蘅。立者右起：杨文音、王孝莹、王闲。当年杨文音由美国带回录音机。

第六章　生活中处处有诗

春秋时期，儒家的教学内容中有一项是要求学生必须学习《诗》，背诵《诗》，以便日后在社交场合能熟练运用《诗》来交涉应对，在《论语》一书中有不少关乎此的记载，如：

尝独立，鲤趋而过庭。曰："学《诗》乎？"对曰："未也。""不学《诗》，无以言。"鲤退而学《诗》。

（《论语·季氏》）

子曰："小子何莫学夫《诗》？《诗》，可以兴，可以观，可以群，可以怨。迩之事父，远之事君。多识于鸟兽草木之名。"

（《论语·阳货》）

子曰："诵《诗》三百，授之以政，不达；使于四方，不能专对。虽多，亦奚以为？"

（《论语·子路》）

从以上三段文字可知，孔子认为《诗》对一个人的影响至关重要，且无处不在，举凡对外交际、社会交往以及日常生活中的种种交流，皆离不开《诗》。子贡和子夏分别在师生教学交流中引用了《诗》，都得到孔子的赞美：

子贡曰："贫而无谄，富而无骄，何如？"子曰："可也。未若贫而乐，富而好礼者也。"子贡曰："《诗》云：'如切如磋，如琢如磨'，其斯之谓与？"子曰："赐也，始可与言《诗》已矣，告诸往而知来者。"

（《论语·学而》）

子夏问曰："'巧笑倩兮，美目盼兮，素以为绚兮。'何谓也？"子曰："绘事后素。"曰："礼后乎？"子曰："起予者商也，始可与言《诗》已矣。"

（《论语·八佾》）

到了东汉，郑玄为《诗》作笺注，于是他让举家上下皆读《诗》，就连家中的奴婢也不例外。

郑玄家奴婢皆读书。尝使一婢，不如意，将挞之。方自陈说，玄怒，使人曳著泥中。须臾，复有一婢来，问曰："胡为乎泥中？"答曰："薄言往愬，逢彼之怒。"

（《世说新语·文学》）

"胡为乎泥中"，出自《诗·邶风·式微》，"薄言往愬，逢彼之怒"，出自《诗·邶风·柏舟》，奴婢一个个出口皆《诗》，郑玄可谓生活中处处有《诗》。

寿香社才女们以写诗填词为能事，于是她们读历代名家诗集词集破万卷，于是她们生活中处处有诗。

譬如，诗社轮值主人征求社友对下一轮社事的意见或建议，王德愔曾用李之仪词《千秋岁》中的"怎生图画如何绣"一句来发问，而王闲则答以白居易诗《题韦家泉池》之"深浅方圆一任君"。多雅的一问一答，让人听来羡慕不已。当然，像这样一问一答双方都用诗词名句，笔者听到的极少，想来也极不容易。

笔者听到较多的是单方面引用诗词来表达、交流思想的。如无可奈何时的自嘲自慰，则用陶渊明的诗句"慰情良胜无"（《和刘柴桑》），苏轼的诗句"脚力尽时山更好，莫将有限趁无穷"（《登玲珑山》），袁枚的诗句"前程原似梦，何必太分明"（《良乡雾》），等等。感叹好景不长、人生短暂的，常诵龚自珍的词句"月明花满天如愿，也终有、酒阑灯散"（《端正好》），顾春的词句"花到香浓是谢时"（《鹧鸪天》），等等。感慨读书人遭遇坎坷不受重用的，最常听到的莫过于黄景仁的诗句"十有九人堪白眼，百无一用是书生"（《杂感》）。

有时处理日常生活中琐细之事也用到诗。如一时找不到对方要借之物，或是不便当着来人之面翻箱倒柜地寻找物件，便会顺口念上贾岛的诗句"只在此山中，云深不知处"，希望对方能宽以时限，以便寻找。由于回答来得出人意料，且新颖别致，对方的失望与不快便随之烟消云散。古典诗词特有的魅力于此可见一斑。

又如冬日里隔着玻璃窗儿晒太阳一事，记得笔者当年曾问叶可羲老人，为何不走出屋子，到廊前来晒个痛快，老人则徐徐念出袁枚的诗句“太阳力薄不胜风”（《沙沟》），闻听之下，让人豁然开朗。“太阳力薄不胜风”，既达且雅，这样的回答真是太好太美了。寿香社才女们生活中处处有诗，为《诗》可以兴观群怨做了最生动、最直观的注脚。

寿香社才女们生活中处处有诗，与老师何振岱的教学密不可分。试读下面三段文字。

> 诗文一道，第常常心在个中，更时取古集观览，撷其精华而默识之，自然进益。能时时记忆古人佳章佳句而咀嚼之，极有所益。昔傅青主先生教人常诵谢道蕴“气象尔何物，能令我屡迁”之句，谓知此可以造微，即是意也。
>
> （何振岱与叶可羲信札，未刊）
>
> 取《绝妙好词》中《词旨》警句，时时涵泳之，如参禅一般，所得必深。
>
> （同上）
>
> 取古人句，百回咀嚼之，虽数字亦有益也。
>
> （转引自王真《道真室集·道真室随笔》）

才女们遵从老师的教导，平日里读书不忘随手摘抄古人诗词中的名篇佳句，以便时时吟诵涵泳。虽然何振岱的本意在于传授诗词写作技法，强调学习借鉴前人佳作的重要性，但无形之中也培养了弟子们在日常交际场合中熟练引用诗词名句的本领，培养了她们言谈举止的儒雅大方。总之，每日里学习的是诗词，创作的是诗词，书法写的是诗词，绘画画的是诗词，吟诵的还是诗词，如此整日价地与诗词打交道，日久天长，自然也就脱口皆古人的诗词名句了。

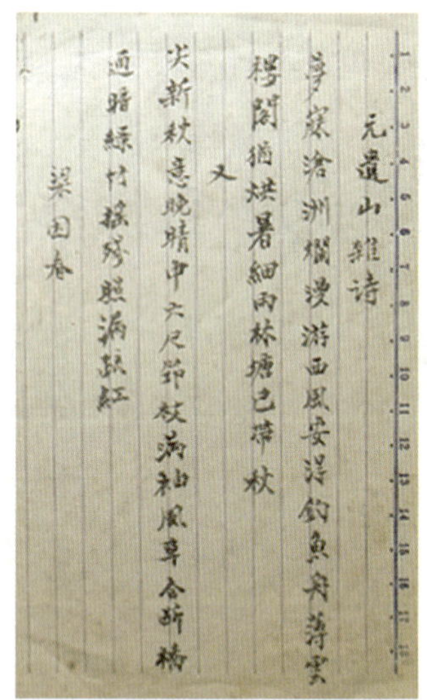
元遺山雜诗
夢寐滄洲爛漫遊西風安穩釣魚舟荷雲
樓閣猶烘暑細雨林塘已帶秋
又
尖新秋意晚晴中六尺筇杖滿袖風草合斷橋
通暗綠竹林殘照滿疏紅
梁園春

王德愔晚年手抄的《遗山诗》

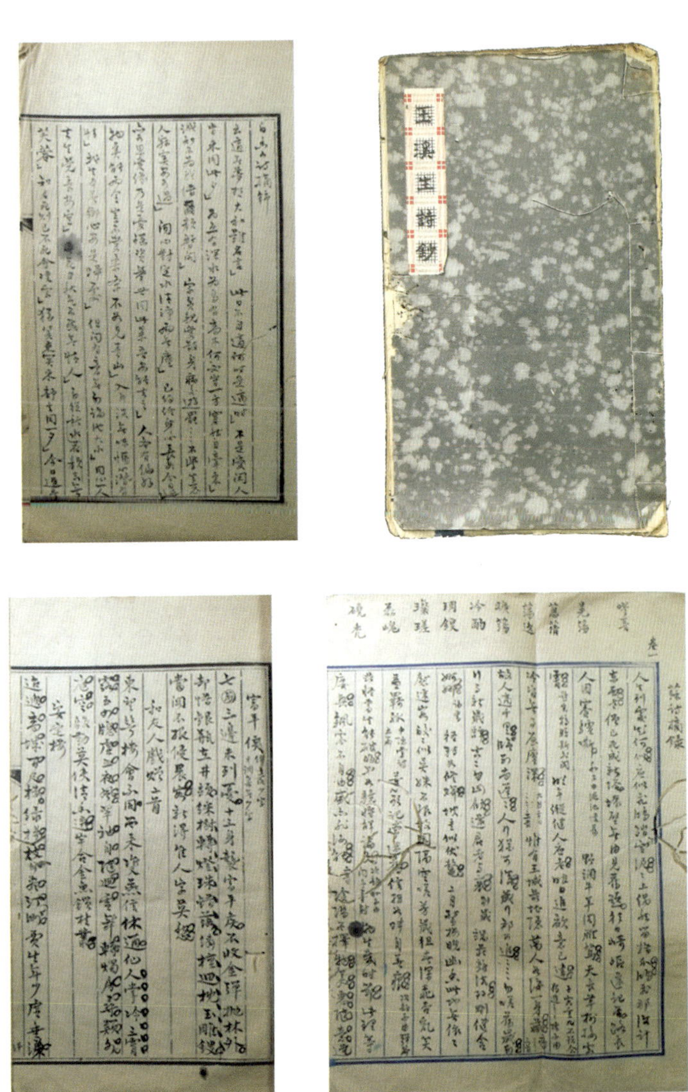

叶可羲手抄的《白香山诗摘锦》《玉溪生诗抄》《苏诗摘录》

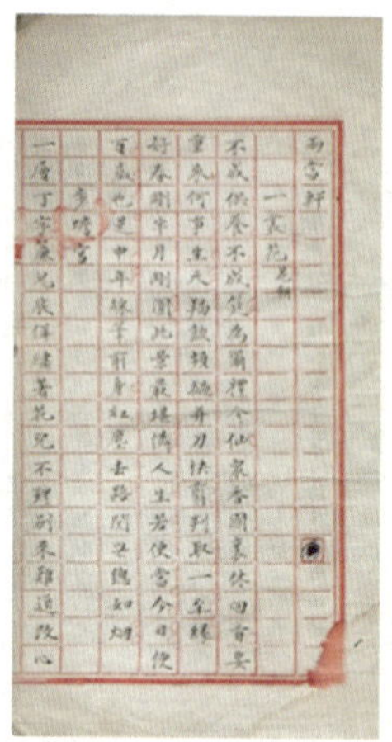

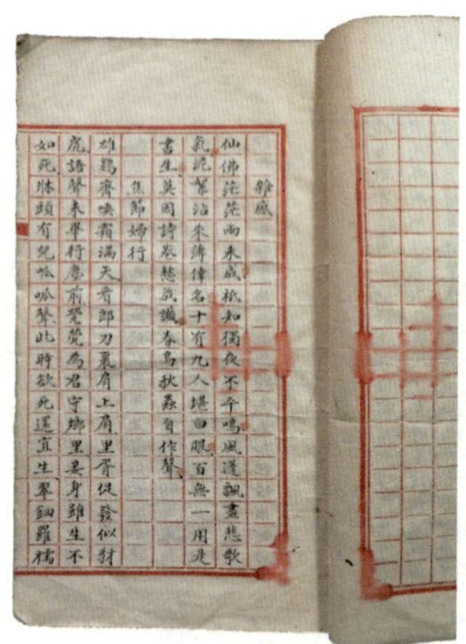

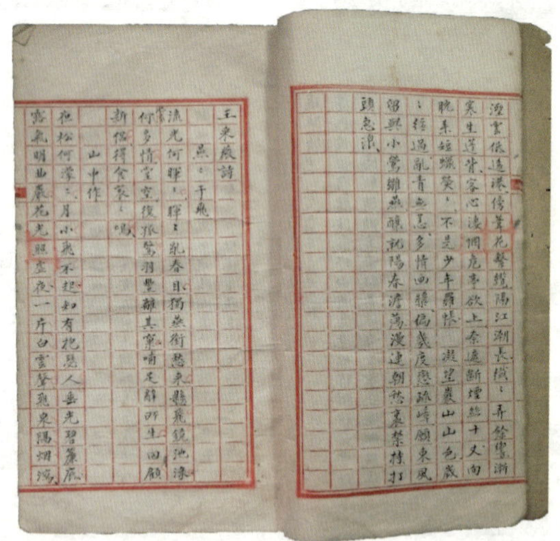

王闲手抄的《两当轩诗词》《王采薇诗》

后　记

笔者讲述的寿香社传统才女群的故事到此已然结束。其实，寿香社只是20世纪上半叶中国无数个传统诗社中的一个，十位才女的故事也只是旧时文人读书生涯和诗社活动留存下来的无数张缩影中的一张。因此，本书所写无疑只是冰山一角，笔者特别希望它能成为一片引玉之砖，唤起世间同好的写作兴趣，将他们各自熟悉的当地传统诗社传统文人的故事写下来，他日若能蔚为大观，则幸甚矣。

本书能够在福建教育出版社出版，由衷感谢孙汉生总编辑、郭佳编辑的大力支持，此外还要感谢郭佳为本书的审读编校工作付出的辛勤劳动。

卢　和

2024年3月4日，福州

“叙旧文丛”已出版书目

《缘来如此：胡兰成、张爱玲、苏青及其他》　黄　恽
《风雨飘渺独自在：民国文人旧事》　姚一鸣
《闲读林语堂》　黄荣才
《旧时文事：民国文学旧刊寻踪》　何宝民
《杂拌儿民国》　王学斌
《临水照花人：〈色·戒〉中的郑苹如与张爱玲》　蔡登山
《风起青萍：近代中国都市文化圈》　张　伟
《左右手：百年中国的东西潮痕》　肖伊绯
《苦雨斋鳞爪：周作人新探》　肖伊绯
《胡适的背影》　肖伊绯
《民国遗脉》　萧三匝　陈曦等
《大时代的小爱情：民国闽都名媛》　陈　碧
《炉边絮语话文坛》　陈漱渝
《帝王学的迷津：杨度与近代中国》　羽　戈
《一代文宗　刹那锦云：也是鲁迅，也是胡适》　姜异新

《纸江湖：1898—1958 书影旁白》 肖伊绯

《苏雪林和她的邻居们：一条街道的抗战记忆》 张在军

《君子儒梅光迪》 书 同

《汉学家的中国碎影》 叶 隽

《旧时书影：风物人情两相宜》 吴 霖

《入世才人灿若花》 王炳根

《思我往昔》 陈衍德

《漂泊东南山海间——抗战烽火中的文化人》 张在军

《此岸彼岸的背影》 钟兆云

《寿香社：中国最后的传统才女群》 卢 和